Michael T. Wurster

30 Minuten

Für immer aufgeräumt

Bibliografische Information der Deutschen Nationalbibliothek
Die Deutsche Nationalbibliothek verzeichnet diese Publikation in der Deutschen Nationalbibliografie; detaillierte bibliografische Daten sind im Internet über http://dnb.d-nb.de abrufbar.

ISBN 978-3-96739-049-0

Umschlaggestaltung: die imprimatur, Hainburg
Umschlagkonzept: Buddelschiff, Stuttgart | www.buddelschiff.de
Lektorat: Eva Gößwein, Berlin
Grafiken in Kap. 2.5: Claudia Flor
Autorenfoto: Yakup Zeyrek
Satz: Zerosoft, Timisoara (Rumänien)
Druck und Verarbeitung: Salzland Druck, Staßfurt

Wir drucken in Deutschland.

www.gabal-verlag.de
www.twitter.com/gabalbuecher
www.facebook.com/Gabalbuecher
www.instagram.com/gabalbuecher

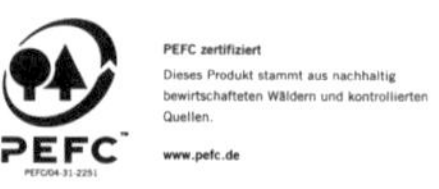

ÖKOLOGISCHE VERANTWORTUNG

Wir übernehmen Verantwortung! Ökologisch und sozial!

- Verzicht auf Plastik: kein Einschweißen der Bücher in Folie
- Nachhaltige Produktion: Verwendung von Papier aus nachhaltig bewirtschafteten Wäldern, PEFC-zertifiziert
- Stärkung des Wirtschaftsstandorts Deutschland: Herstellung und Druck in Deutschland

In 30 Minuten wissen Sie mehr!

Dieses Buch ist so konzipiert, dass Sie in kurzer Zeit prägnante und fundierte Informationen aufnehmen können. Mithilfe eines Leitsystems werden Sie durch das Buch geführt. Es erlaubt Ihnen, innerhalb Ihres persönlichen Zeitkontingents (von 10 bis 30 Minuten) das Wesentliche zu erfassen.

Kurze Lesezeit

In 30 Minuten können Sie das ganze Buch lesen. Wenn Sie weniger Zeit haben, lesen Sie gezielt nur die Stellen, die für Sie wichtige Informationen beinhalten.

- Alle wichtigen Informationen sind **fett** gedruckt.
- Schlüsselfragen mit Seitenverweisen zu Beginn eines jeden Kapitels erlauben eine schnelle Orientierung: Sie blättern direkt auf die Seite, die Ihre Wissenslücke schließt.
- *Zahlreiche Zusammenfassungen innerhalb der Kapitel erlauben das schnelle Querlesen.*

- Ein Fast Reader am Ende des Buches fasst alle wichtigen Aspekte zusammen.
- Ein Register erleichtert das Nachschlagen.

Inhalt

Vorwort von Jürgen Kurz

Stellen Sie sich vor, Sie müssten Ihr Zuhause nur noch ein allerletztes Mal aufräumen. Wie klingt dieser Gedanke für Sie? Richtig, Sie könnten viel mehr Zeit für Familie, Freunde oder auch Hobbys haben. Glauben Sie mir, es ist möglich. Den Schlüssel dazu halten Sie jetzt in den Händen.

Als Deutschlands führender Experte für Büro-Effizienz befasse ich mich seit Jahren intensiv mit dem Thema Aufräumen. Ich habe bereits zahlreiche Büros komplett vom Chaos befreit. Darunter befanden sich Firmen aus so ziemlich jeder Branche. Mein Konzept Büro-Kaizen® war jedes Mal ein voller Erfolg und lieferte den Unternehmen schnell bis zu 20 Prozent mehr Effizienz. Eben weil beispielsweise die lästigen Suchzeiten endgültig der Vergangenheit angehörten. Bei diesen Aufräumaktionen begleiteten mich immer wieder auch verschiedene Medien wie beispielsweise RTL, SAT.1 oder ARD. Wenn man die Wirkung von Büro-Kaizen® erst einmal verstanden hat, ist es nicht mehr überraschend, dass meine Bücher zu diesem Themenfeld verschiedenste Bestseller-Rankings im Sturm eroberten. Mein GABAL-Buch „Für immer aufgeräumt“ erreichte Platz 1 in der Financial Times in der Rubrik „Top 10 Wirtschaftsbücher Deutschland“ und den ersten Platz der Amazon-Bestsellerliste in der Rubrik „Business und Karriere“. Letzteres schaffte auch der zweite Band „Für immer aufgeräumt – auch digital“.

Nun überträgt der Einrichtungsprofi Michael Wurster diesen Kaizen-Ansatz auf einen ganz neuen Anwendungsbereich: das Zuhause. Ich bin selbst davon überzeugt, dass ein Zuhause mit den richtigen Maßnahmen dauerhaft aufgeräumt bleiben kann. Damit dies gelingt, hat mein Kollege Michael Wurster zahlreiche Tipps und Lifehacks aus der Einrichter-Szene mit meinem Kaizen-Prozess vernetzt.
Es ist immer wieder aufs Neue beeindruckend, wie klare Strukturen dabei helfen, das Leben zu vereinfachen. Sie werden überrascht sein, wie sich plötzlich nicht nur Ihr Zuhause, sondern auch Ihr ganzes Leben auf einen Schlag verändern kann.
Ich wünsche Ihnen, dass Sie in diesem Werk viele Tipps dazu finden und von den Erfahrungen des Einrichtungsprofis Michael Wurster profitieren.

Jürgen Kurz

Vorwort des Autors

Ich verstehe mich selbst als Einrichter aus Leidenschaft. Jeden Tag befasse ich mich mit der Frage, wie man sich ein glückliches und harmonisches Zuhause schafft. Beinahe täglich veröffentliche ich mit meinem Team speziell dazu neue Möbel-Konfiguratoren für unsere Onlineshops. Diese Konfiguratoren erlauben es unseren Kunden, ihre Markenmöbel ganz einfach selbst zu gestalten. Ergänzend haben wir zahlreiche redaktionelle Ratgeber verfasst und digitalisieren das gesamte Einkaufserlebnis des stationären Möbelfachhandels. Dabei kooperieren wir eng mit namhaften Möbelherstellern. In einzelnen Markensparten zählen wir mittlerweile sogar zu den umsatzstärksten Möbelhändlern in ganz Deutschland.

In diesem Kontext erhalte ich von unseren Partnern jede Menge professionelles Bildmaterial, das deren Markenmöbel in unglaublich schönen Raumkonzepten präsentiert. Unsere Kunden lieben diese Bilder, da sie helfen, zu visualisieren, wie man das eigene Zuhause gestalten kann. Bis hin zur Wandfarbe und Deko lässt sich davon einiges ableiten. Und dann strahlt das eigene Zuhause plötzlich in einem ganz neuen Glanz.

In der Hektik des Alltages fällt es allerdings einigen Menschen schwer, diesen „Wohnzeitschrift-Look“ auch dauerhaft aufrechtzuerhalten. Hand aufs Herz: Das Aufräumen geht nicht immer ganz so leicht von der Hand. Wenn man dann noch beruflich sehr stark ausgelastet ist, fällt es einem umso schwerer, für permanente Ordnung zu sorgen. In diesem Zusammenhang kam mir der Gedanke, das Büro-Kaizen®-Konzept von meinem Kollegen Jürgen Kurz auf das eigene Zuhause zu übertragen. Sein Grundsatz lautet: **Nur noch ein allerletztes Mal richtig aufräumen ... und dann von zahlreichen Automatismen profitieren!** Meine Erkenntnis: Das funktioniert auch in den eigenen vier Wänden. Wie das gelingt, erfahren Sie innerhalb der nächsten 30 Minuten.

Kapitel 1 liefert Ihnen erste Basics des Kaizen-Gedankens. Kapitel 2 erläutert das Konzept vom für immer aufgeräumten Zuhause. Dabei lernen Sie eine wirksame Schritt-für-Schritt-Anleitung kennen. Kapitel 3 macht deutlich, dass ein Zuhause nur dann für immer aufgeräumt bleibt, wenn Sie auch Ihr Leben geordnet haben. Anschließend gebe ich Ihnen in Kapitel 4 noch eine Reihe von Tipps, die Ihnen dabei helfen, Ihr Zuhause noch wohnlicher und authentischer zu gestalten.

Ich wünsche Ihnen viel Erfolg auf Ihrem Weg zum für immer aufgeräumten Zuhause. Vor allem aber wünsche ich Ihnen viele glückliche Stunden an dem vermutlich schönsten Ort der Welt: Ihrem Zuhause!

Michael T. Wurster

30
MINUTEN

1. Für immer aufgeräumt: Die Basics

In diesem Kapitel lernen Sie die Basics kennen. Sie werden verstehen, wie es möglich ist, dass Ihr Zuhause für immer aufgeräumt bleibt. Dazu werden wir uns zum Einstieg mit verschiedenen **Kaizen-Definitionen** befassen. Zudem werde ich Sie mit meiner Philosophie des **Home-Kaizens** vertraut machen.

Anschließend präsentiere ich Ihnen die fünf Stufen des Home-Kaizen-Konzepts. Zu jeder Stufe bekommen Sie eine Zusammenfassung. So erhalten Sie bereits einen groben Überblick über die einzelnen Phasen.

Ein **Selbsttest** wird Ihnen zudem dabei helfen, einzuschätzen, wie es aktuell um Ihr Zuhause steht, und Ihnen vielleicht auf eine gewisse Art und Weise die Augen öffnen. Abschließend erwarten Sie eine Reihe praktischer Ratschläge für Ihren Weg zum für immer aufgeräumten Zuhause.

1.1 Home-Kaizen: Was ist das?

Alle Lektionen und Methoden für ein für immer aufgeräumtes Zuhause basieren auf dem **Kaizen-Ansatz**.

Was bedeutet „Kaizen"?

Der Fachbegriff „Kaizen" kommt eigentlich aus dem Japanischen. Er setzt sich zusammen aus **„Kai = Veränderung"** und **„zen = zum Besseren"**. Im Wesentlichen ist Kaizen ein Prozess der ständigen Optimierung, bei dem man mittels vieler kleiner Verbesserungen ein immer besseres Gesamtergebnis erzielt. Die dazu notwendigen Einzelschritte sind für gewöhnlich leicht umzusetzen. In der **Wirtschaft** erfreut sich der Kaizen-Ansatz großer Beliebtheit, da die damit erzielten Ergebnisse teilweise ziemlich beeindruckend ausfallen und Unternehmen nachhaltiger machen.

Was bedeutet „Home-Kaizen"?

„Home" ist das englische Wort für Zuhause und wird von mir mit dem Begriff „Kaizen" kombiniert. Folglich bedeutet **Home-Kaizen**, dass man sein eigenes Zuhause systematisch immer weiter verbessert und optimiert. Dabei geht es um weit mehr als ausmisten oder einfach nur schön dekorieren. Es geht darum, sein Zuhause von sämtlichem Ballast zu befreien, damit man anschließend basierend auf der eigenen **Persönlichkeit** Akzente setzen kann. Denn nur so entsteht am Ende ein harmonisches Heim.

Was bewirkt Home-Kaizen?

Mithilfe von Home-Kaizen können Sie

- **effizient ausmisten** und Platz schaffen,
- klare Strukturen für **dauerhafte Ordnung** etablieren,
- echte, anhaltende **Glücksgefühle** in den eigenen vier Wänden erleben,
- Stress verringern und
- **mehr Zeit** für Dinge gewinnen, die Ihnen persönlich am Herzen liegen.

Wie bereits angedeutet: Eigentlich geht es um weit mehr als die Organisation oder Gestaltung Ihrer eigenen vier Wände. **Es geht um Ihren Alltag und Ihr Leben!**

Kaizen ist der Fachbegriff für einen permanenten Veränderungsprozess hin zum Besseren. Dabei entstehen klare Strukturen, die ein dauerhaft aufgeräumtes Zuhause ermöglichen.

1.2 Aufgeräumt in fünf Stufen

Das Ziel von Home-Kaizen ist die fortlaufende Verbesserung. Dabei durchlaufen Sie fünf Etappen:

- **Stufe 1:** Von Ballast befreien und Ordnung schaffen.
- **Stufe 2:** Spielregeln für das Zuhause aufstellen.
- **Stufe 3:** Permanente Optimierung.

- **Stufe 4:** Disziplin und Eigeninitiative.
- **Stufe 5:** Die Vision der eigenen vier Wände entwerfen.

Um sich den Kaizen-Effekt der **permanenten Optimierung** besser vorzustellen, können Sie sich das Bild einer schweren Kugel vor Augen führen. Stellen Sie sich vor, es wäre Ihre Aufgabe, diese Kugel einen Berg hinaufzurollen. Ganz klar: Das kostet Sie jede Menge Kraft.

Stufe eins

Auf Stufe eins müssen Sie jede Menge Power aufbringen und **Ihr Zuhause erst einmal komplett ausmisten**. Indem Sie sich **von sämtlichem Ballast befreien** und eine erste grundlegende Ordnung schaffen, legen Sie das Fundament für ein aufgeräumtes Zuhause. Entscheidend ist, dass Sie konsequent ausmisten und sich dafür ein ausreichend **großes Zeitfenster blocken**. Schließlich geht es darum, dass Sie die Kugel nicht loslassen, sondern dranbleiben! Angenommen, Sie widmen Ihren Fokus jetzt anderen Dingen, so würde die Kugel wieder ins Rollen kommen und das Chaos würde erneut bei Ihnen einziehen. Vor allem wären Sie dann erst recht frustriert, weil Ihr **innerer Schweinehund** Ihnen detailliert erklären würde, warum das mit dem Aufräumen ohnehin nie funktioniert hätte.

Stufe 2

Damit es gar nicht erst so weit kommt, stellen wir **klare Spielregeln** auf, die Ihnen dabei helfen, die erzielten Strukturen auch nach der großen Aufräumaktion aufrechtzuerhalten. Diese Spielregeln helfen nicht nur Ihnen, sondern auch all **den anderen Personen in Ihrem Haushalt**. Überall, wo klare Spielregeln definiert sind, müssen Sie nie wieder aufräumen. Das erledigen dann **smarte Automatismen** für Sie. Demnach sind die Spielregeln eine Art Keil, der die große Kugel daran hindern soll, wieder nach unten zu rollen.

Stufe 3

Auf der dritten Stufe geht es darum, getreu dem Kaizen-Gedanken alles permanent weiter zu optimieren. Schließlich sind immer irgendwelche **Verbesserungen** möglich! Deshalb optimieren Sie alles, was sich gut und richtig anfühlt, damit es sich noch besser anfühlt. Aber denken Sie daran, dass Sie auch Ihre Spielregeln entsprechend anpassen müssen. Schließlich wollen Sie die Kugel immer mit dem Keil abgesichert wissen.

Stufe 4

Auf Stufe vier arbeiten Sie an Ihrer **Disziplin**, damit Sie sicher sein können, dass die Kugel Ihnen niemals wieder Probleme macht. Sie lernen, warum **Eigeninitiative** so wichtig ist, erfahren aber auch, wie Sie moderne Smart-Home-Technologie unterstützen kann.

Stufe 5

Die fünfte und letzte Stufe mag ich ganz besonders. Ich nenne sie **„Die Vision der eigenen vier Wände entwerfen“**. Die große, schwere Kugel können wir hinter uns lassen, dieses Bild brauchen wir nicht mehr. Vielmehr geht es nun um die Frage, welcher **Wohnstil** zu Ihnen passt und wie Sie mittels verschiedener **Einrichter-Tipps** ein harmonisches Zuhause schaffen. Ein Zuhause, das für immer aufgeräumt sein wird.

Die fünf Stufen auf dem Weg zum für immer aufgeräumten Zuhause sind: 1. Von Ballast befreien und Ordnung schaffen. 2. Spielregeln für das Zuhause aufstellen. 3. Permanente Optimierung. 4. Disziplin und Eigeninitiative. 5. Die Vision der eigenen vier Wände entwerfen.

1.3 Machen Sie den Selbsttest

Bevor wir richtig loslegen, können Sie mithilfe des folgenden Selbsttests einen Blick auf **Ihre aktuelle Wohnsituation** werfen. Bitte lesen Sie sich alle Fragen in Ruhe durch und kreuzen die Fragen an, die Sie bejahen können. Wenn Sie sich unsicher sind, **laufen Sie doch einfach durch die einzelnen Räume** – die Antworten kommen dann ganz von allein, versprochen!

Frage	Ja
Kann man Sie jederzeit auch unangekündigt besuchen, ohne dass Sie zuvor noch schnell Ordnung schaffen müssen?	

Sind Esstisch und Couchtisch bei Ihnen immer frei und höchstens ein klein wenig dekoriert?	
Haben Sie feste Rituale und Spielregeln, die Ihnen dabei helfen, Ihr Zuhause stets sauber zu halten? (Stichwort: Haushaltsplan)	
Haben Sie für besonders gute Zeitschriften einen eigenen Ordner zum Archivieren und verwenden Sie ergänzend einen Lesestapel?	
Sind Ihre Kabel beschriftet und wenn möglich stets kaschiert?	
Haben Sie von jedem Raum in Ihrem Zuhause ein Foto, das den aufgeräumten Idealzustand zeigt, an dem Sie sich immer orientieren möchten?	
Hat es den Anschein, dass Ihre Besucher sich wohlfühlen, weil sie vielleicht oft lange bleiben?	
Praktizieren Sie regelmäßig Ausmisten und Wegwerfen auf Probe?	
Sind Polstermöbel wie beispielsweise Sofa oder Sessel imprägniert? (Stichwort: Schutzschild gegen Flecken.)	
Kennen Sie den Wohnstil, der zu Ihrem Charakter passt, und berücksichtigen diesen auf Ihrem Weg zum für immer aufgeräumten Zuhause?	

10-mal „Ja"

Ich gratuliere: **Ihr Zuhause sieht bestimmt richtig schön aus**! Chaos oder Unordnung sind kein Thema für Sie. Einerseits haben Sie Strukturen geschaffen und andererseits zeigen Sie viel Disziplin. Vermutlich haben einige Ihrer Räume sogar **das Potenzial, für Wohnzeitschriften fotografiert zu werden**. Lesen Sie dennoch weiter, denn wahrscheinlich können Sie ein paar praktische Tipps mitnehmen. Übrigens: Wenn Sie möchten, können Sie andere Menschen inspirieren, indem Sie Fotos von Ihren eigenen vier Wänden **in sozialen Medien** wie Instagram oder Pinterest teilen.

7- bis 9-mal „Ja"

Bei Ihnen ist es **schön und ordentlich** und Sie kennen bereits einige **Lifehacks** rund um das für immer aufgeräumte Zuhause. Wenn Sie meine Tipps aufmerksam studieren, finden Sie bestimmt weitere Ideen, die Ihnen helfen, Ihr Zuhause noch schöner zu machen.

3- bis 6-mal „Ja"

Vielleicht haben Sie bereits einmal einen Haushaltsplan ausgedruckt und in den Flur gehängt. Eventuell haben Sie sogar erst kürzlich den Vorsatz getroffen, Ihr Zuhause endlich mal wieder richtig aufzuräumen. Beginnen Sie am besten erst einmal mit den großen Baustellen und **fangen Sie an, auszumisten**. Viele Dinge benötigen Sie vielleicht gar nicht mehr. Und je weniger „Zeugs" Sie daheim haben, desto leichter wird es Ihnen fallen, Ihre eigenen vier Wände aufgeräumt zu halten. Ich bin überzeugt, dass Sie mit meinen Ratschlägen auch jede Menge **Disziplin entwickeln** können. Jene Disziplin, die es manchmal erfordert, wenn man sich wünscht, dass das Zuhause auch für immer aufgeräumt bleibt.

0- bis 2-mal „Ja"

Leben Sie vielleicht gerade **in Ihrer ersten eigenen Wohnung**? Oder hatten Sie **beruflich viel Stress** innerhalb der letzten Wochen und Monate? Wenn Sie meine Ratschläge aufmerksam befolgen und alles Schritt für Schritt konsequent umsetzen, werden Sie von den Ergebnissen begeistert sein: Schnell werden Sie feststellen, wie einfach ein für immer aufgeräumtes Zuhause entsteht. Und Sie werden lernen, wie Sie diesen Zustand auch dauerhaft halten können.

Verschaffen Sie sich zunächst einen Überblick, wie es aktuell um Ihr Zuhause steht. Fühlen Sie sich dort bereits wohl oder stehen Sie noch ganz am Anfang? In jedem Fall werden Sie von den Tipps in diesem Buch profitieren.

1.4 Tipps für die Umsetzung

Mit diesem Buch möchte ich Ihnen **kein magisches System „überstülpen"**, das jedes Zuhause vollautomatisch aufräumt. So etwas gibt es nun einmal nicht. Was ich Ihnen biete, sind ein klar definiertes Konzept und **zahlreiche Impulse**, die Ihnen dabei helfen, Ihr Zuhause ganz nach Ihren Vorstellungen zu gestalten. Anschließend greifen dann die **Kaizen-Automatismen**, damit das Zuhause auch immer aufgeräumt bleibt. Vorausgesetzt, dass Sie die notwendige Disziplin aufbringen. Im Folgenden möchte ich Ihnen deshalb noch ein paar Denkanstöße für die erfolgreiche Umsetzung liefern.

Ein Buffet voller Ideen

Dieses Buch ist bei genauerer Betrachtung vergleichbar mit einem großen Buffet. Seite für Seite finden Sie jede Menge Ideen, die sich einfach umsetzen lassen. Lassen Sie sich inspirieren und seien Sie **offen für Anregungen**. Sie müssen nicht immer alles eins zu eins übernehmen und erst recht nicht sklavisch abarbeiten. Aber es geht darum, Dinge auszuprobieren und getreu dem Kaizen-Gedanken herauszufinden, wie Sie Ihr Zuhause und damit Ihren Alltag Schritt für Schritt ein klein wenig besser machen können.

Jedes Zuhause ist etwas Besonderes

In meinem Beruf als Einrichter habe ich gelernt, **dass jedes Zuhause etwas ganz Besonderes ist**. Jedes Zuhause erzählt uns seine eigene Geschichte. Bei aller **Sehnsucht nach Optimierung und Minimalismus** sollten diese persönlichen Akzente stets bestehen bleiben. Deshalb will ich Sie unter keinen Umständen dazu überreden, sich von Dingen zu trennen, die Ihnen besonders ans Herz gewachsen sind.

Alle Kräfte entfesseln

Sie können dieses Buch verwenden, um ein einzelnes Zimmer oder auch einen ganzen Haushalt dauerhaft in Ordnung zu bringen. **Die volle Kraftentfaltung** entsteht, wenn Sie die Kaizen-Prinzipien auf alle Räume in Ihrem Zuhause anwenden. Dabei ist es entscheidend, dass alle Personen, die im Haushalt wohnen, in den Optimierungsprozess miteinbezogen werden.

Live what you pray

Weil man das, was man predigt, auch leben muss, gilt der Kaizen-Gedanke auch für dieses Buch. Es wird wahrscheinlich irgendwann eine überarbeitete neue Auflage geben, weil ich selbst an einer permanenten Verbesserung arbeite. Deshalb freue ich mich über Verbesserungsvorschläge. **Sie finden mich in den sozialen Netzwerken** XING, Instagram und Facebook.

Um zu erreichen, dass das eigene Zuhause für immer aufgeräumt ist, empfiehlt es sich, auf die Prinzipien des Kaizens zu setzen:

- ***Am Anfang wird einmal gründlich aufgeräumt. Anschließend geht es darum, klare Spielregeln aufzustellen, permanent weiter zu optimieren, Disziplin zu entwickeln und letztlich eine Vision für das eigene Zuhause zu entwerfen.***
- ***Machen Sie einen Selbsttest und betrachten Sie Ihr Zuhause mit kritischem Blick.***
- ***Bei allem Streben nach Perfektion und Minimalismus: Bewahren Sie Ihre persönlichen Akzente und denken Sie daran, dass jedes Zuhause etwas Besonderes ist.***

Wie gelingt es Ihnen, konsequent auszumisten?

Seite 24

Wie entwickeln Sie Automatismen für ein immer aufgeräumtes Zuhause?

Seite 31

Wie bringen Sie die Disziplin auf, die nötig ist, um dauerhaft Ordnung zu halten?

Seite 48

2. Für immer aufgeräumt: Die Stufen

In diesem Kapitel werden Sie die einzelnen Stufen zum für immer aufgeräumten Zuhause im Detail kennenlernen. Durch die Aufteilung in Etappen ist es möglich, den Prozess klar zu strukturieren. Unter Umständen kann es Ihnen helfen, wenn Sie sich speziell für dieses **Projekt Aufräumen** ein schönes Notizbuch anlegen. In diesem **Notizbuch** können Sie, während Sie dieses Buch lesen, sämtliche To-dos notieren und auf diese Weise Ihre eigene Schritt-für-Schritt-Anleitung ausarbeiten. Zudem können Sie darin alle Gedanken und Optimierungsideen festhalten, die Ihnen vielleicht während des Aufräumens spontan einfallen. Wenn Sie zu den ganz gewissenhaften Menschen gehören, können Sie in einem Notizbuch sogar den gesamten Aufräumprozess protokollieren, um beispielsweise zu erfassen, von welchen Dingen Sie sich endgültig getrennt haben oder welche Gegenstände Sie nur auf Probe wegwerfen möchten. Beim Wegwerfen auf Probe können Sie sogar eine Art Register anlegen und alle Boxen nummerieren. Aber jetzt erst einmal der Reihe nach …

2.1 Stufe 1: Von Ballast befreien und Ordnung schaffen

Im Büro-Kaizen® gilt seit vielen Jahren das Prinzip, dass die Schreibtische widerspiegeln, wie es in den Köpfen der Menschen aussieht. Wenn man diesen Kaizen-Gedanken auf das Zuhause überträgt, gilt demzufolge: **So strukturiert, wie es in Ihrem Zuhause aussieht, sieht es auch in Ihrem Kopf aus.** Welche Gedanken kommen Ihnen beim Lesen dieser Aussage spontan in den Sinn?

Den aktuellen Ist-Zustand fotografieren

Viele Fitness-Programme, die zu einer schlankeren Figur oder dem lang ersehnten Sixpack verhelfen sollen, beginnen mit einem **Foto von Ihrer aktuellen Ist-Situation**. Dies ist eine clevere Idee, weil man durch das Betrachten von Fotos eine gewisse Distanz erhält. Plötzlich sieht man den gewohnten Alltag aus einer komplett **anderen Perspektive**. So manches Foto ist eine regelrechte **Schock-Therapie**. Also machen Sie zum Beginn am besten viele Fotos von jedem Raum. Dokumentieren Sie alle Details, die Ihnen dabei ins Auge fallen. Auf diese Weise erkennen Sie später schnell, in welchen Räumen Fortschritte erzielt wurden und wo noch Optimierungsspielraum ist. Je nachdem, wie groß das Chaos momentan ist, können diese Schock-Fotos auch eine permanente **Mahnung zur Disziplin** sein.

Systematisch aussortieren

In fast jedem Haushalt findet man zahlreiche Dinge, die unnötig sind und einfach nur im Weg stehen. Je mehr Dinge sich ansammeln, desto schlimmer wird das Chaos. Die Lösung: **Alles, was man nicht braucht, wird entfernt!** Möglich sind dabei verkaufen, innerhalb des Bekanntenkreises verschenken oder einer sozialen Organisation spenden. Demzufolge darf nur bleiben, was einem wirklich wichtig ist.

Keine Zeit zum Aussortieren?

Wenn Sie erst einmal richtig damit beginnen, Ordnung und Struktur in Ihr Zuhause zu bringen, kann es schnell passieren, dass Sie an Grenzen stoßen. Vielleicht fehlt Ihnen die Zeit, ein großes Regal komplett auszumisten. Oder Ihr Papier-Container ist bereits voll und Sie können erst nach der nächsten Leerung weitermachen.
In einer solchen Situation können Sie **den weiteren Aufräumprozess mit Klebezetteln vorbereiten**: Kleben Sie dazu auf Türen oder Regal-Elemente einzelne Zettel und nummerieren Sie diese fortlaufend. Was zu tun ist, wird dann auf einer To-do-Liste festgehalten. Um sicherzustellen, dass Ihr „zukünftiges Ich" die Sache auch wirklich angeht, können Sie neben den To-dos verbindliche Termine eintragen. Diese Termine kommen in Ihren Kalender. Damit steht fest, wann das große Ausmisten fortgesetzt wird. In einem Mehrpersonenhaushalt lassen sich auf diese Weise auch verschiedene Aufgaben verschiedenen Personen zuteilen.

Diese Methode hat sich in der Praxis bereits mehrfach bewährt. Sie funktioniert, weil **das große Aussortieren dadurch auf viele kleine Schritte heruntergebrochen** wird. Je mehr Fortschritte Sie sehen, desto **mehr Motivation** finden Sie für den weiteren Weg zum für immer aufgeräumten Zuhause.

Tipps zum Umgang mit Klebezetteln
Die Klebezettel können Sie auch einsetzen, wenn Sie gern etwas von einem Mitbewohner ausmisten würden, dieser die Entscheidung aber selbst treffen sollte. Indem Sie seinen Namen auf den Zettel schreiben, geben Sie den Ball weiter. Vereinzelt kann es sinnvoll sein, Zettel mit Klebestreifen zu fixieren, damit diese nicht kurz darauf abfallen. Aber Vorsicht: Passen Sie dabei auf, dass Sie dadurch keine empfindlichen Möbeloberflächen beschädigen.

Wegwerfen auf Probe

In den meisten Menschen ruhen noch immer die Instinkte von **Jägern und Sammlern**, und echte Sammler erleiden emotionale Schmerzen, wenn sie Dinge aus ihrer Sammlung hergeben oder gar wegwerfen müssen. Ein Kompromiss ist das Wegwerfen auf Probe. Dabei kommen alle Dinge, von denen man sich scheinbar nicht trennen kann, in einen Karton. Höchstwahrscheinlich kommen so mehrere **„Probe"-Kartons** zusammen, die alle nach dem Aufräumen in den Keller oder auf den Dachspeicher gebracht werden. Sie gewinnen dadurch **sofort freien Platz**, ohne etwas zu verlieren. Zumindest vorerst.

Damit Sie nicht im Laufe der Zeit viel zu viele Kartons lagern müssen, sollten Sie jeden einzelnen Karton wie folgt beschriften:

- Von wem ist der Karton?
- An welchem Datum wurde er angelegt?
- Wegwerf-Termin

Der **Wegwerf-Termin liegt in der Zukunft**. An diesem Stichtag werfen Sie den gesamten „Probe"-Karton weg. Vorausgesetzt natürlich, dass Sie ihn bis dahin nicht aus irgendeinem wichtigen Grund öffnen mussten. Indem Sie diese Kartons mit einer durchlaufenden Nummerierung ausstatten und gleichzeitig zu jedem Karton ein **Inhaltsverzeichnis** anlegen, behalten Sie stets den Überblick. Sie können diese Informationen auch in Ihrem Notizbuch vermerken. Und wenn Sie wollen, können Sie jederzeit noch **einzelne Schätze bergen**. Der Countdown beginnt!

CD- und DVD-Sammlungen

Obwohl man heute Filme, Serien und Musik über verschiedene Anbieter wie Netflix oder Amazon Music **streamen** kann, hat so ziemlich jeder noch eine Sammlung an CDs und DVDs im Regal stehen. **Braucht man das alles noch?**

Wenn Sie regelmäßig Streaming-Dienste nutzen und sich daher nicht sicher sind, ob Sie beispielsweise Ihre DVD-Sammlung weiterhin behalten wollen, habe ich folgenden Tipp für Sie: Markieren Sie die jeweilige

DVD-Hülle mit **einem kleinen Aufkleber**, sobald Sie den Film in den DVD-Player einlegen. Auch bei CDs oder anderen Medien können Sie so vorgehen. Schon nach ein paar Monaten werden Sie anhand der Menge der Aufkleber sehen, ob Sie die DVDs und CDs noch verwenden.

Minimalismus im Wohnzimmer
Aufgrund der Entwicklung hin zur Nutzung von Streaming-Diensten hat die klassische Wohnwand meist ausgedient. Die Wohnzimmereinrichtung wird minimalistischer und rückt die stets größer werdenden Fernseher noch stärker in den Mittelpunkt.

Alte Möbel plötzlich im Weg?

Klar ist, dass gute Möbel immer Geld gekostet haben. Doch unsere Art zu leben verändert sich, einerseits aufgrund des technologischen Wandels – Stichwort **Digitalisierung** –, andererseits durch unseren **persönlichen Wandel**, wenn beispielsweise ein neuer Partner einzieht oder erwachsene Kinder ausziehen.
Insbesondere wenn man Möbel gemeinsam mit dem Ex-Partner gekauft hat, kann es sein, dass diese **nach einer Trennung als Ballast wahrgenommen** werden. In einem solchen Fall oder wenn einzelne Möbel nicht mehr in Ihren Alltag passen, sollten Sie einen **klaren Cut machen**. Schließlich beginnt ein neuer Lebensabschnitt häufig erst dann, wenn man sich beispielsweise ein neues Sofa kauft.

Bei einer neuen Beziehung ist wiederum zu beachten, dass einige Menschen großen Wert darauf legen, dass wichtige Teile der **Einrichtung gemeinsam ausgesucht** werden. In der gemeinsamen Wohnung möchte sich schließlich jeder richtig wohlfühlen. Einige Personen wollen außerdem aus emotionalen Gründen nicht in einem Bett schlafen, in dem zuvor jahrelang auch der Ex-Partner geschlafen hat.

Über Ballast, Freiheit und Vergebung

Es gibt verschiedene Arten von Ballast in unserem Alltag. Einerseits sind das Gegenstände, die uns mittlerweile zur Last fallen. In gleichen Maßen können aber auch **Gewohnheiten oder gar Beziehungen zu Ballast werden.** Beim Ausmisten der eigenen vier Wände können einem manchmal Dinge in die Hand fallen, die einen schmerzhaft daran erinnern. Der Bestseller-Autor Hermann Scherer schreibt in diesem Kontext ganz treffend: **„Nur wer loslässt, hat zwei Hände frei.“** (Scherer, „Glückskinder, S. 35)

Es gibt noch eine weitere Form von Ballast: **Altlasten im Sinne von Konflikten**. Konflikte können unseren Alltag über viele Jahre hinweg sehr belasten. Daher ist es wichtig, alles Menschenmögliche zu unternehmen, um sie zu bereinigen. Bedenken Sie dabei stets, dass niemand perfekt ist und es von Charakterstärke zeugt, wenn man selbst zu seinen Fehlern stehen kann. Sie werden beeindruckt sein, welche **Lebensqualität durch Vergebung** entstehen kann. Prof. Dr. Jörg Knoblauch empfiehlt deshalb in seinem Bestseller „Dem Leben Richtung geben", die beiden folgenden Fragen ehrlich zu beantworten:

- Welche **Ereignisse in meinem Leben** bedürfen einer Aufarbeitung?
- Welche Möglichkeiten gibt es, um die **Situation zu verändern**? (Zum Beispiel ein versöhnendes Telefongespräch, ein gemeinsames Mittagessen ...)

Papierkorb weiterentwickeln
Trennen Sie sich vom klassischen Papierkorb und verwenden Sie zukünftig immer eine Kiste für den Papiermüll. Diese Kiste sollte so groß sein, dass es möglich ist, Din-A4-Blätter hineinzulegen und zu stapeln. Denn ein Papierstapel ist wesentlich platzsparender als die „Papier-Bälle", die durch Zusammenknüllen entstehen. Echte Perfektionisten lassen diese Papierkiste zudem in einer Schublade verschwinden. Auf diese Weise ist der Papiermüll gar nicht mehr im Sichtfeld.

Es reichen wenige Minuten

Bevor Sie **abends** ins Bett gehen, sollten Sie wenige Minuten einplanen, um Ihr Zuhause **im Schnelldurchgang wieder in Ordnung zu bringen**:

- Sind Esstisch und Couchtisch frei?
- Ist das Geschirr in der Spülmaschine?
- Müssen Müllsäcke rausgebracht werden?
- Kann Wäsche zum Trocknen aufgehängt werden?

Das alles sind Kleinigkeiten, die ganz nebenbei erledigt werden können. Auf diese Weise starten Sie den nächsten Tag in einem für immer aufgeräumten Zuhause! Damit Ihnen dies leichter von der Hand geht, sollten Sie einfach eine **Checkliste anlegen**. Diese Checkliste definiert alle Punkte, die Ihnen wichtig sind. Mehr Impulse, die in diese Richtung gehen, finden Sie auf der zweiten Stufe.

Befreien Sie Ihr Zuhause von sämtlichem Ballast: Alles, was Sie nicht brauchen, wird verkauft, verschenkt, gespendet oder weggeworfen. Wenn Sie sich unsicher sind, sollten Sie das Wegwerfen auf Probe testen. Schnell werden Sie fühlen, wie befreiend es sein kann, unnötigen Ballast loszuwerden!

2.2 Stufe 2: Spielregeln für das Zuhause aufstellen

Alles, was nach dem Ausmisten übrig geblieben ist, muss nun so aufgeräumt werden, dass Sie es in Zukunft bequem wiederfinden können. Die Kaizen-Lehre besagt: **„Man muss den Dingen eine Heimat geben."** (Kurz, 2015, S. 47) Dazu passt auch das Motto: **„Alles hat einen Platz, alles hat seinen Platz."** (Ebd.) Um diesen Gedanken auf das eigene Zuhause zu übertragen, überlegen Sie sich, wie Sie Gegenstände **zu thematischen Gruppen clustern** und auf diese Weise klare Bereiche schaffen können.

Ein gelungenes Beispiel dafür finden Sie höchstwahrscheinlich bereits jetzt in Ihrer Küche, genauer gesagt in Ihrer Besteckschublade: Gabeln, Messer und Löffel sind immer bestens verstaut und automatisch stets richtig aufgeräumt. Das Gegenteil ist oftmals in der Schublade für Schneebesen, Suppenkelle und Kochlöffel der Fall. Die Lektion daraus lautet: **Klare Strukturen können eine dauerhafte Ordnung schaffen.**

Spülmaschinenabläufe

Apropos Besteck: Ein typisches Problem in der Küche ist nicht aufgeräumtes oder schmutziges Geschirr. Hier kann es helfen, schon während des Kochens die Spülmaschine aus- und teilweise wieder einzuräumen. Sobald die Spülmaschine durch ist, lassen Sie Ihr Geschirr gar nicht erst in der Küche stehen, sondern räumen Sie es immer direkt in die entsprechenden Schränke.

Wie oft brauchen Sie einen Gegenstand?

Wie können Sie nun all den Dingen in Ihrem Zuhause **einen idealen Platz zuweisen**? Grundsätzlich können Sie sich an folgenden Regeln orientieren:

- Alles, was Sie in Ihrem Alltag oft benötigen, sollte in Griffweite sein.
- Dinge, die Sie nur ungefähr einmal pro Woche benötigen, können in Schränken verstaut werden.
- All die Dinge, die höchstens einmal im Jahr notwendig werden, können Sie prinzipiell auch im Keller oder auf dem Dachboden lagern.

Dokumente mit Sichtbüchern ordnen

Eine besondere Rolle beim Thema Ordnung spielen Dokumente wie Rechnungen und Briefe: Vermutlich liegen auch bei Ihnen verschiedene Dokumente auf einem Stapel oder in einem Ordner. Das ist aber nicht immer übersichtlich. Indem Sie ein **Sichtbuch**, also eine Art Mappe mit vielen Klarsichtfolien, verwenden, können Sie spürbar an Übersicht gewinnen, insbesondere wenn Sie vorne ein **Inhaltsverzeichnis** anlegen und die einzelnen Folien durchnummerieren. Ein nummerierter Sticker oben rechts oder unten rechts kann wahre Wunder wirken.

In manchen Haushalten kleben ganze Armeen von Magneten, Haftnotizen oder ähnlichen Notizzetteln auf Kühlschränken, Pinnwänden oder Computern. Auch diese **wichtigen Zettel** können Sie mit einem Sichtbuch zusammenfassen. Selbst Passwörter können dadurch besser archiviert werden. Sich Passwörter auf Papier zu notieren, ist übrigens keine schlechte Idee, dann alles Handgeschriebene ist im digitalen Zeitalter **vor Hackern geschützt**.

Lesestapel versus Leseordner

In unserem Alltag prasseln viele Informationen auf uns ein. Wir abonnieren Zeitungen, kaufen Zeitschriften oder drucken uns spannende Blog-Artikel aus. Klar, all das möchte man in Ruhe lesen, sobald man die Zeit dafür findet – erschreckenderweise kommt man jedoch oft nie dazu. Folgende Methoden können hier helfen:

- **Lesestapel:** Arbeiten Sie mit einem **Lesestapel, dessen maximale Höhe Sie klar definieren**. Nutzen Sie im Regal oder im Schrank ein konkretes Fach, in dem Sie alles stapeln, was Sie noch lesen möchten. Ein Zwischenboden kann die Höhe des Lesestapels künstlich begrenzen. Machen Sie sich bewusst, dass Sie eine gewisse Zeit brauchen werden, wenn Sie einen 40 cm hohen Stapel wirklich durchlesen möchten. Das bedeutet, dass Sie allerspätestens dann ins Handeln kommen müssen, wenn der Stapel **auf eine bestimmte Höhe gewachsen** ist. Und dann müssen Sie **mit dem Lesen beginnen** oder **wirksam aussortieren**.
- **Leseordner:** Alternativ können Sie sämtliche Zeitungen und Zeitschriften sorgfältig „aufreißen" und gezielt **nur die lesenswerten Beiträge in einem separaten Ordner abheften**. Diesen Ordner können Sie als Ihren **„Leseordner"** betrachten. Indem Sie hier mit Trennblättern und klaren Gliederungsstrukturen arbeiten, können Sie ganze Berge von Zeitschriften und sonstigen Dokumenten auf die für Sie relevante Essenz herunterbrechen. Alternativ können Sie auch weiter digitalisieren, indem Sie spannende Artikel mit Ihrem Smartphone oder Tablet abfotografieren und entsprechende Kategorie-Ordner auf Ihrem Gerät anlegen. Die „ausgeschlachteten" bzw. digitalisierten Zeitschriften könnten Sie dann wegwerfen, um so noch mehr Platz zu gewinnen. Schließlich entstehen dann erst gar keine Zeitschriften-Stapel. Es sei denn, Sie möchten schöne

Zeitschriften-Cover als stilvolle Deko auf Ihrem Coffee-Table nutzen.

Kabel managen und verschwinden lassen

Ein besonderes Ärgernis in vielen Haushalten sind die vielen Kabel, die sich ineinander verheddern. Es gibt nun einmal **immer mehr Elektrogeräte** und irgendwann verliert jeder den **Überblick**. Spätestens nach einem Umzug weiß dann zumeist niemand mehr, welche Kabel zu welchem Gerät gehören. Daher habe ich drei wertvolle Tipps für Sie, um Ihre Kabel zu managen:

- **Beschriften Sie jedes Kabel.** Für noch mehr Übersicht können Sie Stromkabel immer blau und Datenkabel immer rot markieren.
- **Nutzen Sie die Kabel-Management-Lösungen der Möbelhersteller.** So gibt es beispielsweise bei vielen Wohnwänden integrierte Kabel-Management-Lösungen für die Kabel von TV, Soundanlage, DVD-Player und Spielekonsole.
- **Machen Sie Kabel mit Klebeband unsichtbar.** Falls beispielsweise die Kabel der Wohnwandbeleuchtung stören, die oftmals hinter dem Fernseher zum Hängeelement hochwandern, kann ein einfaches Klebeband die Lösung sein: Decken Sie das Kabel mit einem großzügig geschnittenen Stück eines breiten Klebebands ab. Anschließend wird dieser Klebestreifen mit der Farbe der Wand überstrichen. Perfekt getarnt wird dieses Kabel zukünftig gar nicht mehr auffallen.

Struktur in den Schränken

Viele Schränke verbergen hinter ihren Türen ein großes Chaos. Dass es überhaupt dazu kommt, liegt daran, dass die Fronten undurchsichtig sind. Aber stellen wir uns mal vor, man würde **alle Türen aushängen**. Stellen wir uns vor, alle Fronten wären **transparent** – denn das ist eines der Kernprinzipien von Kaizen. In diesem Fall müssten Sie die **Inhalte Ihrer Schränke systematisch strukturieren**. Also, auf geht's! Wie können Sie clustern? Was benötigen Sie in den jeweiligen Schränken?
Mittels **Organisations-Boxen** (offen oder geschlossen bzw. durchsichtig oder undurchsichtig) können Sie innerhalb des Schranks immer weiter strukturieren. Zusätzlich können Sie sämtliche Boxen auch auf der Vorderseite beschriften, sodass Sie auch beim schnellen Einräumen sofort sehen, wo was verstaut werden muss. Das ist gerade bei Haushalten mit mehreren Personen sehr praktisch.
Bei günstigen Möbeln können Sie zudem darüber nachdenken, die Regalböden **mit einzelnen Klebestreifen oder Etiketten zu beschriften**. Vorausgesetzt, Sie verfügen über eine schöne Handschrift und können damit leben, dass die Klebestreifen Spuren an den Möbeln hinterlassen werden.

Inhaltsverzeichnisse für Schränke?
Beim Büro-Kaizen® ist man sehr konsequent und geht deshalb so weit, dass man auf der Front von Schränken Inhaltsverzeichnisse in DIN-A4-Größe anbringt. Ja

teilweise sogar Fotos, die zeigen, was hinter den Schranktüren verborgen ist. So finden sich selbst Praktikanten am ersten Arbeitstag sofort zurecht. Selbstverständlich wäre es jedoch im eigenen Zuhause kein schöner Anblick, wenn auf der Front eines teuren Massivholzschrankes ein DIN-A4-Blatt kleben würde. Außerdem würde dies auf dem Holz sichtbare Spuren hinterlassen. Ein akzeptabler Kompromiss könnte jedoch darin bestehen, das Inhaltsverzeichnis vorsichtig auf der Schranktürinnenseite anzubringen. Gerade dann, wenn ein Schrank über sehr viel Stauraum verfügt, kann dies im Alltag durchaus Suchzeiten verringern. Darüber hinaus fällt es dann leichter, Dinge an den richtigen Platz zurückzulegen. Wenn Sie die Liste am Rechner schreiben und abspeichern, können Sie sie jederzeit ändern und neu ausdrucken, falls Sie den Schrank neu strukturieren möchten.

Statik im Blick behalten

Wenn Sie damit beginnen, Spielregeln aufzustellen und Dingen eine Heimat zu geben, sollten Sie genau prüfen, **wie die Möbel montiert sind**: klassisch auf dem Boden stehend oder schwebend an der Wand?

Schwebende Möbel verkörpern eine gewisse **Leichtigkeit** und sind bei Staubsaugrobotern sehr beliebt. Es gibt aber einen großen Nachteil: Der Stauraum ist klar eingeschränkt. Das liegt daran, dass die Wand ja bereits das Möbelstück tragen muss. Hinzu kommt alles, was Sie einräumen. Sie können also nicht so viel einräumen, wie hineinpasst, sondern nur so viel, wie es Ihre Wand erlaubt. Wenn Sie **Kinder im Haushalt** haben, müssen

Sie noch mehr aufpassen, da Kinder auch gerne einmal an Möbeln hochklettern.
Falls Sie sehr viele oder schwere Gegenständige unterbringen müssen, ist also ein klassisches Möbelstück, das fest auf dem Boden steht, die bessere und vor allem sichere Wahl.

Haushaltsplan entwerfen

Es ist nicht schwer, das eigene Zuhause aufzuräumen. Viel schwerer fällt es vielen, dafür zu sorgen, dass das Zuhause **ordentlich bleibt**. Damit dies gelingt, sollten Sie ein paar klare Spielregeln aufstellen. Diese helfen einerseits im alltäglichen Kampf gegen den **inneren Schweinehund** und andererseits können Sie dadurch **jede einzelne Person im Haushalt einbeziehen**. Das ist sehr wichtig. Schließlich bringt es nichts, wenn Sie selbst für Ordnung sorgen, während andere Chaos stiften. Ein erster Schritt könnte ein Haushaltsplan in Form einer **Tabelle** sein:

1. **Legen Sie die Tabelle an:** Für jeden Raum in Ihrem Zuhause gibt es eine eigene Spalte, für jeden Wochentag eine Zeile.
2. **Definieren Sie die Aufgaben:** Überlegen Sie, welche Aufgaben wann zu erledigen sind, damit das Zuhause dauerhaft aufgeräumt bleibt, und tragen Sie die Aufgabe in die Tabelle ein.
3. **Teilen Sie die Aufgaben zu:** Entscheiden Sie gemeinsam, wer für was verantwortlich ist. Idealerweise ist für eine Aufgabe immer dieselbe Person

verantwortlich, da sonst die Gefahr besteht, dass sich am Ende keiner zuständig fühlt.

Ein Haushaltsplan ist immer individuell
Was genau wann und wie oft zu tun ist, muss immer individuell entschieden werden. Wenn Sie zum Beispiel eine Katze haben, sollten Sie am besten täglich staubsaugen, um Reste von Katzenstreu und Katzenhaare zu entfernen. Auch Hausstauballergiker sollten oft staubsaugen und Staub von Oberflächen entfernen.

Um **Verbindlichkeit herzustellen**, sollten am Ende alle Haushaltsmitglieder **den Haushaltsplan unterzeichnen**. Für den Fall, dass jemand seine Pflichten vernachlässigt, sollten Sie ein kleines Sparschwein anlegen. Das Nichterfüllen der Aufgabe ist mit einem Geldbetrag x verbunden. Am Ende des Jahres gehen Sie mit dem Geld aus diesem Sparschwein schick essen. Falls Sie feststellen, dass mehr Disziplin nötig ist, erhöhen Sie einfach den Betrag fürs Nichterfüllen von Aufgaben. Es ist erstaunlich, wie viel das bewirken kann!

Checklisten erstellen

Der Haushaltsplan ist wichtig für den Gesamtüberblick. Für einzelne Aufgaben ist es zudem sinnvoll, Checklisten zu erstellen. Denn viele Tätigkeiten im Haushalt laufen **immer wieder nach dem gleichen Schema** ab, vergleichbar mit kleinen Ritualen. Hier bieten sich daher Checklisten zur Orientierung an. Für welche Vorgänge Sie Checklisten benötigen und wie detailliert diese sein sollen, ist ganz Ihnen überlassen. Die Vorteile von Checklisten liegen auf der Hand:

- Checklisten strukturieren auszuführende Aktionen.
- Checklisten helfen, den **Kopf frei** zu bekommen, sodass man sich besser auf Wesentliches konzentrieren kann.
- Durch das Abhaken auf Checklisten macht man sichtbar, was bereits erledigt wurde.
- Checklisten helfen, **Zeit zu sparen**.
- Gemeinsam entwickelte Checklisten schaffen ein **Verständnis** für die umfangreichen Tätigkeiten im Haushalt, sodass man für die Erledigung von Aufgaben mehr Anerkennung erfährt.

Recherchieren Sie ein wenig in **Blogs und Foren**. Schnell werden Sie viele Muster-Checklisten und To-do-Listen entdecken, die Sie bei der Entwicklung Ihrer eigenen Checklisten inspirieren können. Es gibt dabei kein Richtig oder Falsch. Entscheidend ist, dass Sie ganz im Sinne der Kaizen-Lehre den gesamten Prozess immer wieder hinterfragen und so die **Spielregeln weiterentwickeln**.

Die Kaizen-Lehre besagt, dass man den Dingen eine Heimat geben muss. Das bedeutet, Sie brauchen klare Strukturen und Spielregeln, die dauerhaft eingehalten werden sollen.

2.3 Stufe 3: Permanente Optimierung

Sie haben für Ihr Zuhause klare Spielregeln aufgestellt und sich mittlerweile daran gewöhnt, diese einzuhalten? Damit haben Sie bereits viel erreicht. Bestimmt erinnern Sie sich noch an die Kaizen-Lektion, die besagt, dass **immer Verbesserungen möglich** sind. Egal, wie gut Sie bereits sind, nichts ist so perfekt, dass man es nicht noch weiter verbessern kann. Genau darum geht es auf der dritten Stufe. Nun werden wir **über den Tellerrand schauen**. Sie werden lernen, sich immer wieder neu inspirieren zu lassen. Dann denken Sie wie ein Einrichtungsprofi.

Das Zuhause an die Bedürfnisse anpassen

Sobald Sie durch das Ausmisten und die neuen Strukturen einen besseren Gesamtüberblick haben, können Sie damit beginnen, **jeden Raum einzeln zu optimieren**. Wir Einrichter starten dabei immer mit einer **ersten Bedarfsanalyse**. Dabei stellen Sie sich Fragen wie:

- Wozu dient der Raum?
- Welche **Bedürfnisse** haben Sie?
- Welchen Tätigkeiten gehen Sie in diesem Raum nach?
- Welche Personen nutzen den Raum hauptsächlich und was ist ihnen dabei wichtig?
- Gibt es einen klaren **Wohnstil**, den es einzuhalten gilt? (Mehr zum Thema Wohnstil folgt auf Stufe 5.)

- Welche **Wertigkeit/Qualität** erwarten Sie bei der Einrichtung? Entspricht die Einrichtung momentan Ihren Werten?
- Welches **Budget** sind Sie bereit zu investieren?

Zur **Visualisierung** können Sie zu jedem Raum eine eigene **Mindmap** anlegen. Der große Kreis in der Mitte bekommt den Namen des Raumes, zum Beispiel „Wohnzimmer". Die einzelnen Äste geben Antwort auf Fragen wie die eben genannten. Wenn mehrere Personen bei der Gestaltung ein Mitspracherecht haben, könnten Sie jeder Person eine eigene Farbe zuordnen. Dadurch bleiben die verschiedenen Erwartungen übersichtlich. Zudem hat man auf diese Weise **eine gute Gesprächsgrundlage**. Anschließend legt man fest, welche (gemeinsamen) **Prioritäten** gesetzt werden. Ausführlichere Tipps für die Entwicklung der Vision Ihrer eigenen vier Wände erhalten Sie auf der fünften Stufe. Zudem erwarten Sie vertiefende Tipps für ein harmonisches Zuhause in Kapitel 4. Sie werden begeistert sein, wenn Sie feststellen, wie wohl Sie sich in einem Zuhause fühlen, in dem wirklich alle Details komplett auf Sie abgestimmt sind.

Blicken Sie über den Tellerrand

Überprüfen Sie hin und wieder Ihre Aktivitäten im Haushalt und suchen Sie nach Ansatzpunkten zur Optimierung. Zahlreiche Anregungen finden Sie durch den Suchbegriff **„Lifehacks"** in den sozialen Medien und in Foren.

Auch von Möbelherstellern bzw. Möbelhändlern können Sie sich inspirieren lassen. In der Möbelbranche werden immer wieder neue Ideen entwickelt, daher kann es nicht schaden, gelegentlich durch **Möbelhäuser** zu pilgern, **Markenmöbel-Onlineshops** zu durchstöbern oder einfach eine **gute Wohnzeitschrift** zu abonnieren. Darüber hinaus kann ich einen Besuch der alljährlichen **Internationalen Möbelmesse in Köln** wärmstens empfehlen. Wer weiß, vielleicht laufen wir uns dort ja eines Tages sogar über den Weg.
Aber Vorsicht: Es ist nicht Sinn dieser Stufe, einfach blind gute Ideen zu kopieren oder smarte Stauraum-Lösungen zu bestellen. Es geht darum, das Kaizen-Prinzip zu verinnerlichen und Optimierungsideen zu entwickeln, die zu Ihnen passen. **Es muss sich einfach gut anfühlen!**

Moodboards und Bild-Arrangements

Auf dieser Stufe bietet es sich an, Moodboards zu gestalten. Dabei handelt es sich um eine Art **Wandcollage**, die Fotos, Skizzen, Sprüche, Postkarten oder andere dekorative Elemente **zu einem Gesamtbild clustert**. Erlaubt ist alles, was gefällt: Familienfotos, Tierbilder, atemberaubende Landschaften, Lieblingsreiseziele, witzige Sprüche und Cartoons oder inspirierende Alltagsweisheiten. Der eigenen **Kreativität** sind keine Grenzen gesetzt.
Wer bislang noch keine Erfahrungen mit Moodboards hat, kann fürs Erste mit einer kleinen **Pinnwand** arbei-

ten. Wer hingegen bereits einen feinen Sinn für Design und Ästhetik hat, kann mehrere Objekte stilvoll rahmen und zu einem Gesamtkunstwerk arrangieren.

Bilderrahmen arrangieren
Es gibt verschiedene Arten der Bildhängung, zum Beispiel die „Salonhängung", auch „Petersburger Hängung" genannt, die „Kantenhängung" sowie die „Hängung in einer Reihe". Geben Sie diese Begriffe bei der Google-Bildersuche ein. Dann sehen Sie, was sich dahinter verbirgt, und können ein solches Arrangement ganz einfach selbst umsetzen. Ich empfehle Ihnen im Zuge eines cleanen Looks einheitliche Rahmen zu verwenden. Schließlich gilt beim Einrichten der Grundsatz, dass Wiederholungen Harmonie bringen.

Die **Wandgestaltung mit Bildern** ist, wie viele dekorative Gestaltungsmöglichkeiten, ein permanenter Optimierungsprozess. Sie können dabei Ihre eigene Persönlichkeit zum Ausdruck bringen und ein starkes Statement setzen.

Einkaufsliste digitalisieren

Kommen wir nun zur Optimierung der alltäglichen Abläufe, zu den sogenannten Lifehacks, die dazu beitragen, dass Ihr Zuhause für immer aufgeräumt bleibt. Lifehacks betreffen oft scheinbar nebensächliche Alltagsaufgaben, zum Beispiel die sinnvolle Organisation des Einkaufs: Alternativ zur klassischen Einkaufsliste auf Papier können Sie beispielsweise eine **Messenger-Gruppe** anlegen. Immer wenn ein Haushaltsmitglied feststellt, dass etwas zur Neige geht, schreibt diese Person das Produkt als Nachricht in die Gruppe. Beim nächsten Einkauf muss man dann lediglich in der Gruppe nachsehen, in der dann alles übersichtlich notiert ist. Noch eleganter lässt sich das mit speziellen **Einkaufslisten-Apps** lösen. Viele dieser Apps sind komplett kostenlos, Sie müssen lediglich sicherstellen, dass alle Personen des Haushalts die App installieren. Die App synchronisiert dann automatisch die Einkaufslisten aller Beteiligten.

Besonders sinnvoll sind digitale Einkaufslisten für Mehrpersonenhaushalte, aber auch wenn Sie allein leben, können Sie Ihr Smartphone für diese Aufgabe verwenden: Bei den meisten Geräten ist bereits ein einfaches **Notizen-Tool** integriert, das Sie für Ihre Einkaufslisten nutzen können. Noch praktischer sind spezielle **Notizen- und To-do-Listen-Apps**, bei denen Sie auch Fotos ergänzen können, und natürlich können Sie auch eine Einkaufslisten-App allein nutzen.

Telefongespräche optimieren

Viele Menschen laufen während eines Telefonats durch die Wohnung, haben dabei aber üblicherweise nur eine Hand frei. Wenn Sie jedoch ein **Headset oder einen Bluetooth-Kopfhörer** verwenden, haben Sie **auf einmal beide Hände frei**! Dadurch können Sie, während Sie telefonieren, ganz entspannt ein paar Dinge im

Haushalt erledigen und Ihre Zeit auf diese Weise optimal nutzen. Eventuell ist sogar ein Headset mit **aktiver Geräuschunterdrückung** für Sie interessant. Damit werden die Umgebungsgeräusche unterdrückt bzw. abgemildert. Das verbessert die Qualität der Gespräche nochmals deutlich.

Wie eine Schublade den Alltag optimiert

Und noch ein Optimierungs-Tipp vom Einrichter: Wenn Sie neue **Stauraummöbel** auswählen, legen Sie großen Wert auf **Schubladen mit Vollauszug**. Schubladen, die diesen Vollauszug besitzen, lassen sich weiter öffnen und vereinfachen damit den Alltag. Dinge, die man auf die Schnelle sucht, sind in diesen Schubladen viel leichter zu finden. Die meisten in Deutschland gefertigten Möbel besitzen dieses äußerst praktische Feature.

Optimierung mit Kleiderbügeln

Eine schnelle und einfache Optimierung des Kleiderschranks lässt sich mit **einheitlichen Kleiderbügeln** erzielen. Wenn sich **Paare** einen Bereich im Kleiderschrank teilen, können sie auch mit zwei verschiedenen Kleiderbügelausführungen arbeiten. Alternativ und äußerst praktisch: platzsparende **Kleiderbügel, die gleich mehrere Hosen tragen**.

Ein Butler bringt Ordnung

Der Begriff klingt zwar altmodisch, aber ein **Herrendiener** kann sich als regelrechtes **Ordnungswunder** erweisen. Mit diesem Möbelstück können Sie beispielsweise am Abend Ihr Outfit für den nächsten Tag zurechtlegen. Oder Sie nutzen den Herrendiener einfach, um das Schlafzimmer generell aufgeräumt zu halten.

Befreiung durch das Wort „Nein"

All diese Optimierungsvorschläge und Lifehacks ändern aber nichts an einer Tatsache: **Sie werden nie genug Zeit haben**, um all das zu machen, was Sie machen könnten. Und erst recht nicht für all das, worum andere Sie bitten. Entscheidend ist, dass Sie Ihre Zeit nutzen, um die Dinge anzupacken, die Ihnen selbst am Herzen liegen.

Indem Sie **bewusst Nein zu unwichtigen Dingen** sagen, erkämpfen Sie sich ein größeres Zeitkontingent. Prof. Dr. Jörg Knoblauch ermutigt seine Leser in „Dem Leben eine Richtung geben" dazu, sich aufzuschreiben, zu welchen Anfragen, Erwartungen oder Aufgaben sie in Zukunft ganz bewusst Nein sagen wollen. Ein guter Rat – legen Sie am besten sofort eine solche Liste an!

Optimieren Sie jeden Raum und passen Sie Ihr Zuhause ganz gezielt an Ihre Bedürfnisse an. Dabei können die sozialen Medien, Möbelhäuser, Onlineshops und Möbelmessen äußerst inspirierend sein.

2.4 Stufe 4: Disziplin und Eigeninitiative

Auf der vierten Stufe geht es darum, **den inneren Schweinehund** zu verstehen und zu bändigen. Indem Sie lernen, Ihr ganzes Potenzial auszuschöpfen, ist es Ihnen möglich, das für immer aufgeräumte Zuhause noch realer werden zu lassen. Konkret bedeutet das ein gewisses Maß an **Disziplin und Eigeninitiative von allen Beteiligten**. Nur so entsteht die nötige Balance.

Den inneren Schweinehund entwaffnen

Das Thema „Aufräumen“ ist stets mit dem inneren Schweinehund verbunden. Ja, es gibt immer schönere Aktivitäten als Aufräumaktionen. Und so sammelt sich das **Chaos** schnell in verschiedenen Räumen an. Wenn man aber dem inneren Schweinehund erst einmal erklärt, dass ein paar **einfache Rituale** dafür sorgen, dass man nie wieder viel aufräumen muss, dann passiert oft ein kleines Wunder!

Leider ist der Umgang mit dem Schweinehund nicht immer so leicht. Nicht jeder Schweinehund lässt sich so einfach überzeugen oder gar zähmen. Falls Ihnen jetzt beim Lesen ein Satz mit „Weil ...“ einfällt, hat Ihr innerer Schweinehund Sie bereits wieder fest im Griff. Für die härtesten Fälle gebe ich zwei Tipps, die mir selbst immer wieder zu **mehr Disziplin** verholfen haben:

1. Welche Ausreden verwenden Sie gern, wenn Sie auf etwas keine Lust haben? **Schreiben Sie alle Ausre-**

den auf, die Ihnen einfallen. Auf diese Weise reflektieren Sie sich selbst und können so den inneren Schweinehund Schritt für Schritt entwaffnen. Falls Ihnen keine Ausreden einfallen, sprechen Sie doch einfach mal Ihre Eltern, Ihre Freunde oder Ihren Partner an. Wenn Sie mutig sind, fragen Sie einen Ihrer Ex-Partner!

2. Oft sieht die Wohnung genau dann bestens aus, wenn man wichtigen Besuch erwartet. Warum also nicht dieses Prinzip zu einem Automatismus machen? **Laden Sie regelmäßig Menschen ein.** Wenn Sie wissen, dass in ein paar Tagen der nächste große Spieleabend bei Ihnen zu Hause ansteht, finden Sie bestimmt leichter die Disziplin, um nichts herumliegen zu lassen. Ihr „zukünftiges Ich" wird es Ihnen danken. Garantiert!

Mehr zum inneren Schweinehund
Wenn Sie sich intensiver mit Ihrem inneren Schweinehund befassen möchten, empfehle ich Ihnen Dr. Stefan Frädrichs „Günter, der innere Schweinehund". Die beim GABAL Verlag erschienenen Günter-Bücher genießen regelrechten Kultstatus und sind einfach lesenswert.

Gewohnheiten gezielt entwickeln

Sie haben bereits erfahren, dass Rituale und Gewohnheiten Ihnen dabei helfen, Automatismen zu entwickeln. Die größte Herausforderung liegt jetzt darin, diese Gewohnheiten gezielt aufzubauen. Schließlich fällt man sehr leicht in alte Muster zurück. Vor allem dann, wenn der berufliche **Alltag** sehr anstrengend ist. Auch **Kinder im Haushalt** können dazu beitragen, dass man am Ende des Tages nur noch in Ruhe auf der bequemen Couch landen möchte.

Ich bin davon überzeugt, dass **eine Gewohnheit nicht pauschal gut oder schlecht** ist. Sie selbst müssen prüfen, ob Ihnen eine bestimmte Gewohnheit Gutes bringt oder vielleicht sogar schadet. Bedenken Sie aber immer, dass fest geplante Termine wie beispielsweise ein Serienabend mit der Partnerin immer auch **wertvolle Beziehungszeit** sind.

Sobald klar ist, welche Gewohnheiten Sie aufbauen möchten, braucht es **Ausdauer**. Man sagt, dass Sie etwas 15 Tage hintereinander machen müssen, damit die Chancen gut stehen, dass Sie diese neue Gewohnheit **in Ihrem inneren Autopiloten abspeichern**. Das gilt für alle Bereiche in Ihrem Leben.

Wenn es Ihnen schwerfällt, neue Gewohnheiten zu entwickeln, können Sie sich natürlich auch einen **Trainingsplan** dafür anlegen: Die erste Spalte umfasst den Namen der Gewohnheit bzw. des Rituals. Die zweite Spalte gibt den gewünschten Rhythmus an. Das Ergebnis kann dann zum Beispiel wie folgt aussehen:

Name der Gewohnheit	Rhythmus
Couchtisch und Esstisch komplett freiräumen.	Jeden Abend vor dem Zubettgehen.
Geschirr aus der Küche sauber in die Spülmaschine einräumen und dafür sorgen, dass alle Arbeitsflächen freigeräumt sind.	Jeden Abend vor dem Zubettgehen.
Beim Telefonieren immer auf Bluetooth-Kopfhörer wechseln und nebenbei im Haushalt aufräumen.	Bei jedem Telefongespräch mit Freunden oder der Familie.

Es liegt an Ihnen, festzulegen, wie viele Gewohnheiten Sie in Ihrem Trainingsplan aufnehmen möchten. Ich empfehle Ihnen, **langsam anzufangen**. Schließlich ist die Gefahr groß, dass Sie sich selbst überfordern, wenn Sie zu viele neue Gewohnheiten starten möchten. Und wenn Sie erst einmal überfordert sind, sind Sie vermutlich bei keiner einzigen Gewohnheit erfolgreich. Befolgen Sie diese simplen Prinzipien und Sie werden schnell merken, **welche Kraft Gewohnheiten in Ihrem Zuhause beziehungsweise in Ihrem Leben entfalten können**.

Ein Schutzschild für Polstermöbel

Wenn Kunden bei mir ein Sofa kaufen, spreche ich dabei immer auch über das Thema Imprägnierung. Das ist so eine Art Schutzschild, mit dem Möbel Flecken besser überstehen. Das schenkt Möbelbesitzern ein wenig mehr

Reaktionszeit, falls einmal ein Missgeschick passiert. Grundsätzlich unterscheidet man zwischen drei Szenarien. Erstens: Der Hersteller gibt seinen Polstermöbeln eine Imprägnierung ab Werk. Zweitens: Der Hersteller macht keine Imprägnierung, aber der Fachhändler übernimmt dies auf Wunsch des Kunden vor der Auslieferung. Drittens: Der Kunde informiert sich und führt die Imprägnierung selbst durch, gegebenenfalls auch nachträglich. Fragen Sie in diesem Fall beim Hersteller Ihrer Möbel nach, welche Pflegeprodukte dazu empfohlen werden und was zu beachten ist.
Wichtig: Kein Schutz hält für immer. In jedem Fall sollte eine Imprägnierung daher in regelmäßigen Abständen aufgefrischt werden.

Smart Home und Smarte Assistenten

So wichtig Disziplin und sinnvolle Gewohnheiten auch sein mögen, Sie dürfen sich selbstverständlich auch helfen lassen – nicht zuletzt von moderner Technik. Wahrscheinlich haben Sie bereits von den Konzepten und Visionen zum Stichwort **„Smart Home"** gehört, also von einem **intelligenten vernetzten Zuhause**, bei dem verschiedene Geräte miteinander gekoppelt werden.

Smart-Home-Lösungen ermöglichen es Ihnen beispielsweise, mit Ihrem Handy bereits auf der Heimfahrt zu veranlassen, dass der Backofen vorgeheizt wird. Mittlerweile gibt es sogar Kühlschrankmodelle, die beim Schließen der Türe ein Foto vom Inhalt machen. Via Smartphone-App kann man sich dann unterwegs jederzeit den aktuellen Bestand an Lebensmitteln im Kühlschrank anschauen – natürlich unter der Voraussetzung, dass man gewisse **Ordnungsstrukturen im Kühlschrank** entwickelt hat. Denn keine Kamera kann zeigen, was sich hinter chaotisch zusammengeschobenen Objekten verbirgt. Selbst im Kühlschrank sind daher klar definierte Strukturen sinnvoll. Sie merken: Der Kaizen-Gedanke kann bis in die kleinsten Details weitergedacht werden. Maßgebend ist am Ende, was sich für Sie gut und richtig anfühlt.

Ebenfalls interessant sind smarte Assistenten wie beispielsweise **Amazon Echo**. Damit kann man mehrere Geräte miteinander vernetzen, was den Nutzer in ein neues technologisches Zeitalter katapultiert. Die Digitalisierung kann Sie also auf vielfältige Weise auf Ihrem Weg zum für immer aufgeräumten Zuhause unterstützen.

Unterstützung aus dem Internet
Namhafte Elektrogerätehersteller setzen heute verstärkt auf Tutorials und Videoanleitungen, die genau erläutern, wie man beispielsweise leckere Menüs zaubert oder Flecken aus der Kleidung bekommt. Gerade für junge Menschen, die in ihrer ersten eigenen Wohnung leben, kann das sehr spannend und hilfreich sein.

Ein für immer aufgeräumtes Zuhause erfordert vor allem anfangs einiges an Disziplin. Entwickeln Sie eigene Gewohnheiten bzw. Rituale, um die Ordnung aufrechtzuerhalten. Erklären Sie Ihrem inneren Schweinehund, dass diese Anstrengun-

gen dazu führen, dass Sie nie wieder aufräumen müssen.

2.5 Stufe 5: Die Vision der eigenen vier Wände entwerfen

Herzlichen Glückwunsch! Sie haben es auf die fünfte Stufe geschafft. Ihr Zuhause dürfte inzwischen um einiges aufgeräumter sein. Sie haben gelernt, wie Sie Strukturen schaffen und wie Sie die Disziplin entwickeln, um endlich dauerhaft Ordnung zu halten. Auf der finalen Stufe möchte ich Ihnen beibringen, wie Sie eine ganz eigene Vision für Ihr persönliches Zuhause entwickeln. **Ein schönes Zuhause ist immer eine Frage der Persönlichkeit.** Basierend auf Ihrer Persönlichkeit müssen Sie den für Sie passenden **Wohnstil** entdecken und Ihre eigenen vier Wände nach und nach daran ausrichten.

Den eigenen Wohnstil entdecken

Um Sie bei der Entdeckung Ihres Wohnstils zu unterstützen, stelle ich Ihnen einen **Wohnstil-Test** vor, den ich gemeinsam mit meinem Team entwickelt habe. Mit nur zwei Fragen werden Sie sofort herausfinden, welcher Stil zu Ihnen passt. Gerade beim Einrichten ist es wertvoll, zu wissen, wie man den eigenen Stil definiert und sich authentisch einrichtet. Schließlich wirken unpassende Möbel schnell wie Fremdkörper, die den Raum sofort chaotischer erscheinen lassen.

Frage 1: Interessieren Sie sich für die neusten Trends und Innovationen?

Bei dieser ersten Frage geht es um Ihr generelles Interesse an Trends und neuen Entwicklungen. Wenn Sie die Frage bejahen, sind Sie höchstwahrscheinlich entweder ein Fan des **modernen Wohnstils** oder ein Fan des **Patchwork-Stils**. Wenn Sie Trends eher kritisch gegenüberstehen und für neue Produktinnovationen nicht sehr viel Begeisterung aufbringen, dürften Sie vermutlich entweder ein Fan des **Landhausstils** oder ein Liebhaber des **klassischen Wohnstils** sein.

Wenn Sie diese Frage beantwortet haben, kommen also zwei Typen für Sie infrage. Um ein klares Ergebnis zu erzielen, müssen wir Ihre Einordnung noch weiter präzisieren. Hierzu dient die zweite Frage:

Frage 2: Bevorzugen Sie eine schlichte Formensprache oder stehen Sie eher auf ein verspieltes Design?

Mit der Antwort auf diese Frage definieren Sie die **Designsprache**, die Ihnen persönlich am besten gefällt. Wir Einrichter unterscheiden hierbei zwischen verspielt oder schlicht. Ein **verspieltes Design** ordnet Sie bei **Patchwork oder Landhaus** ein. Bevorzugen Sie hingegen ein **schlichtes Design**, so sind Sie höchstwahrscheinlich den Typen **Modern oder Klassisch** zuzuordnen.

Der Wohnstil-Kompass

Mit diesen beiden Fragen lässt sich ein Koordinatensystem mit zwei Achsen bilden. Es ist die Blaupause für den Wohnstil-Kompass.

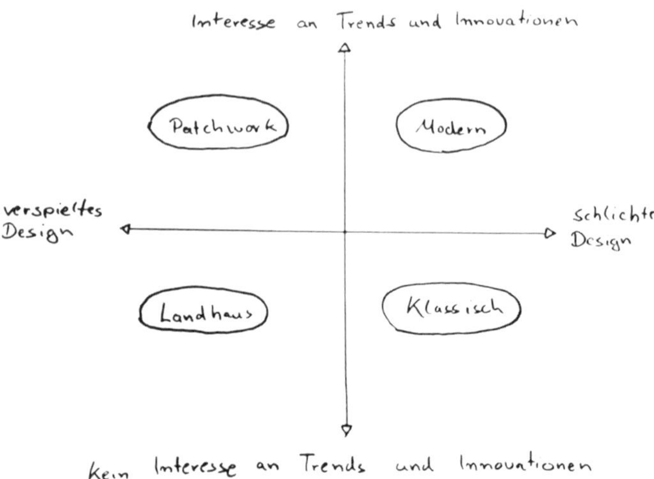

Abb. 1: Koordinatensystem als Grundlage für den Wohnstil-Kompass

Uns war es wichtig, mit dem Wohnstil-Kompass ein allgemeingültiges Gerüst zu entwerfen, das dazu in der Lage ist, alle existierenden und alle zukünftigen Wohnstil-Strömungen in sich zu vereinen. Sozusagen **ein ganzheitliches Konzept des Einrichtens**.

Abb. 2: Der Wohnstil-Kompass

Wenn Sie gerne **Beispiel-Möbel** zu den jeweiligen Wohnstil-Typen sehen möchten, können Sie die digitale Version dieses Tests machen: **www.Wohnstil-Kompass.de**

Nachdem Sie den Test online durchgeführt haben, werden Ihnen viele Möbel präsentiert, die Ihren Wohnstil und damit auch Ihren Geschmack treffen. Dort finden Sie dann auch **Steckbriefe zu den jeweiligen Wohnstil-Typen**.

Weshalb der eigene Charakter entscheidet

Wie bereits angedeutet, ist der Wohnstil-Kompass im Grunde ein **Persönlichkeitstest**. Deshalb möchte ich an dieser Stelle das Thema Persönlichkeit noch etwas vertiefen. Vereinfacht ausgedrückt gibt es zwei verschiedene grundlegende Charakterzüge, zwischen denen man oftmals unterscheidet: Extraversion und Introversion.

- **Extravertierte Menschen** sind in der Regel selbstbewusst und sehr kommunikativ. Entsprechend lieben sie es, Zeit mit anderen Menschen zu verbringen oder neue Leute kennenzulernen. Auf die Außenwelt können Extravertierte teilweise etwas oberflächlich wirken.
- **Introvertierte Menschen** sind das komplette Gegenteil: Eine introvertierte Person ist oftmals sehr tiefgründig und wirkt auf die Außenwelt eher ruhig und zurückhaltend, manchmal geradezu schüchtern.

Keiner dieser beiden Charakterzüge ist besser oder schlechter als der andere. Und natürlich ist all das erst einmal nur Theorie, in der Realität sind die Übergänge zwischen den beiden Typen fließend. Auch äußere Einflüsse, etwa der Charakter des Partners, können die Ausprägung dieser Eigenschaften bei einer Person beeinflussen.

Extravertierte Wohnstil-Welten

Fans der Wohnstil-Welten Patchwork und Modern weisen tendenziell extravertierte Charakterzüge auf:

- **Patchwork:** Der Patchworker liebt individuelle und ausgefallene Lösungen. Er will auf diesem Weg seiner **Kreativität** freien Lauf lassen und liebt **verspielte Details** im Design.

- **Modern:** Der moderne Typ liebt ebenfalls ausgefallene Lösungen, sieht darin aber für gewöhnlich eher eine Chance, den Mitmenschen seinen eigenen Status zu demonstrieren. Die Einrichtung dient also der **Repräsentation**. Im modernen Stil hat das Chaos keine Chance. Alles soll möglichst schlicht sein, meist wird eine **minimalistische, puristische Einrichtung** bevorzugt.

Unabhängig ob Patchwork oder Modern, beide Typen verbindet, dass sie stets von einer inneren Neugier getrieben sind. Sie lieben es, **mit den Entwicklungen der Zeit zu gehen**. Daher sind sie beispielsweise der **Digitalisierung** und Smart-Home-Technologien gegenüber sehr aufgeschlossen. Sie lieben Lifestyle-Produkte, und Trends sind immer willkommen, weil man als Patchworker dadurch noch mehr Kreativität entfalten kann. Der moderne Typ wiederum sieht in Trends eine Gelegenheit, seinem Umfeld zu demonstrieren, dass er seiner Zeit voraus ist.

Introvertierte Wohnstil-Welten

Während extravertierte Personen sich bevorzugt im modernen Stil oder dem Patchwork-Stil einrichten, tendieren Introvertierte zu Landhaus oder dem klassischen Wohnstil:

- **Landhaus:** Introvertierte Menschen empfinden den Alltag und die vielen Begegnungen mit ihren Mitmenschen oft als anstrengend und sehnen sich deshalb nach **Entschleunigung**. Ja, einige träumen vielleicht sogar von einem **Rückzug in ländliche Gefilde** fernab der hektischen Metropolen. Genau für diese Menschen ist der Landhausstil wie geschaffen. Beim Betreten einer Wohnung dieses Stils weht einem ein Hauch frischer Landluft entgegen.

- **Klassisch:** Während der Landhausstil eine sehr verspielte Designsprache annehmen kann, bildet der klassische Wohnstil einen **schlichten** Gegensatz. Liebhaber der klassischen Linie bevorzugen **elegante und funktionale Möbel**, die einfach **zeitlos** wirken.

Sowohl im Landhausstil als auch im klassischen Stil ist man **Trends gegenüber eher kritisch**. Man setzt lieber auf Dinge, die sich bewährt haben, oder ist gelegentlich auch mal offline.

Aufräumtipps für den modernen Stil

Dem modernen Typ dürfte der Weg zum für immer aufgeräumten Zuhause vermutlich am leichtesten fallen. Die minimalistischen Möbel fordern zwingend, dass man sich regelmäßig von Dingen trennt, die nur „unnötig" Stauraum verbrauchen. Nur wenn das Zuhause ganz vom Chaos befreit ist, wirkt dieser Stil so richtig eindrucksvoll.

Beachten Sie dabei, dass manche „Vorzugskombinationen" der Möbelindustrie zwar superschick aussehen, im Zweifel aber immer Ihre persönlichen Lebensumstände berücksichtigt werden müssen. Indem

Sie beim Einkauf bereits mit einer klaren **Bedarfsanalyse** definieren, wie viel Stauraum Sie benötigen, wird es Ihnen später erheblich leichter fallen, ein für immer aufgeräumtes Zuhause in die Realität umzusetzen. Auch wenn das bedeutet, dass beispielsweise eine bestimmte Wohnwand nicht für Ihr Wohnzimmer geeignet ist.
Indem Sie **klare Flächen für Deko definieren**, ist es Ihnen möglich, bei allem Purismus dennoch etwas Wohnlichkeit in Ihr Zuhause zu bringen.
Halten Sie sich an die Anleitungen der vorherigen Stufen und Sie haben schon sehr bald ein für immer aufgeräumtes Zuhause.

Aufräumtipps für den klassischen Stil

Der klassische Wohnstil ist wie der moderne Wohnstil eher schlicht. **Dieses Design-Empfinden begünstigt den Weg zum für immer aufgeräumten Zuhause.** In diesem Stil ist man zeitlos, aber auch ein wenig konservativ, ja bisweilen vielleicht sogar sehr traditionell unterwegs. Das bedeutet, es befinden sich wahrscheinlich viele Dinge im Haushalt, die vor langer Zeit gekauft wurden. Hand aufs Herz: **Brauchen Sie all diese Dinge wirklich noch?** Auch wenn sich etwas über viele Jahre bewährt hat: Manchmal beginnt ein neues Kapitel erst dann, wenn Sie ein altes Kapitel abschließen. Zudem gewinnen die Objekte, die bleiben dürfen, automatisch noch mehr an Wirkung, wenn Sie andere Dinge bewusst ausmisten.

Ihre Lieblingsgegenstände könnten, je nach Größe, sogar noch besser zur Geltung kommen, wenn Sie sie in einer schönen **Vitrine** präsentieren.
Wenn Sie die einzelnen Stufen dieses Buches aktiv durcharbeiten, werden Sie immer wieder feststellen, dass Sie mittels **klarer Strukturen** all das in den Vordergrund stellen können, was Ihnen wirklich wichtig ist.

Aufräumtipps für den Landhausstil

Der Landhausstil ist eine Hommage an die Natur. Gerne darf deshalb auch mit natürlichen Objekten dekoriert werden, mit Blumen, Ästen oder Steinen, doch man sollte dabei aufpassen, dass man es nicht übertreibt. Eine alte Regel besagt schließlich, dass **weniger oft mehr** ist.
Eine große Hilfe beim Ausmisten kann einer der Kerngedanken dieses Stils sein: **Natürlichkeit**. Fragen Sie sich, welche Art von Dekoration den Eindruck vermittelt, wirklich aus der Natur zu stammen. Trennen Sie sich von zu künstlich wirkendem „Kitsch“. Indem Sie klare, natürliche Statements setzen, betreiben Sie eine Form von Detoxing und leben die **Philosophie des Landhausstils**.
Typisch für den Landhausstil sind **Massivholzmöbel.** Ich empfehle Ihnen, nicht zu viele verschiedene Holzarten zu kombinieren. Ein Raum wirkt am harmonischsten, wenn man sich konsequent auf eine Holzart konzentriert.

Aufräumtipps für den Patchwork-Stil

Beim Patchwork-Stil kann das Zuhause zuweilen im Chaos versinken. Vor allem dann, wenn die Instinkte des Jägers und Sammlers größer sind als die zur Verfügung stehende Wohnfläche. Entscheidend ist, das Chaos stets in liebevolle und gut durchdachte Strukturen zu überführen. **Setzen Sie klare Prioritäten!** Prüfen Sie, was Ihnen die einzelnen Objekte bedeuten und welche Geschichten diese erzählen. Richtig verstanden geht es im Patchwork-Stil sehr stark um das **Storytelling** der einzelnen Objekte im Raum. Welche dieser Geschichten liegen Ihnen sehr am Herzen? Und welche dieser Geschichten sind eigentlich weniger relevant? Über das Denken in Geschichten fällt es Ihnen unter Umständen leichter, sich von Dingen zu trennen.

Wenn Ihnen das Ausmisten dennoch sehr schwerfällt, sollten Sie das **Wegwerfen auf Probe** (Kap. 2.1) ausprobieren. Dadurch verlieren Sie vorerst nichts.

Zweifellos ist der Weg zum für immer aufgeräumten Zuhause für Menschen dieses Typs am schwersten. Das gilt umso mehr, wenn gleich mehrere **kreative Köpfe** im Haushalt leben und einen großen Drang zur Selbstverwirklichung haben.

Konsequente Entwicklung der Vision

Wie entwickeln Sie nun Ihre eigene harmonische Vision von einem Zuhause? Vermutlich ahnen Sie es bereits: Auch hier ist es entscheidend, dass Sie wissen, welcher Wohnstil-Typ Sie sind.

Wohnstile kombinieren – ist das eine gute Idee?
Man sollte seinen eigenen Stil finden und konsequent umsetzen. Davon bin ich fest überzeugt, auch wenn ich das als Einrichter berufsbedingt vielleicht etwas streng sehe. Nur durch einen einheitlichen Stil entsteht ein harmonisches Gesamtbild, das sich gut anfühlt. Natürlich ist die Zuordnung zu den Wohnstil-Welten fließend und die Welten können zudem teilweise sehr eindrucksvoll kombiniert werden. Aber diese Kombinationen müssen stimmig sein. Wenn man zu viele Wohnstil-Strömungen in einem Raum verknüpft, wirkt das Ergebnis überladen und chaotisch. Idealerweise beschränken Sie sich pro Raum auf einen dominierenden Wohnstil. Diesen können Sie dann bei Bedarf mit passenden Akzenten aus einem anderen Stil ergänzen.

Bleiben Sie Ihrem eigenen Stil treu. Erst dann wirkt das Ergebnis richtig „aufgeräumt“. Wirken hingegen bereits die Basics Ihrer Einrichtung chaotisch zusammengestückelt, ist es nahezu unmöglich, einen ordentlichen Gesamteindruck zu erzeugen.
Das Fundament eines für immer aufgeräumten Zuhauses sind die platzierten Möbel. Nur wenn diese Möbel sorgfältig sowohl auf die spezifischen Gegebenheiten des Raumes als auch auf den persönlichen Geschmack des Besitzers abgestimmt sind, gelingt ein stimmiges Gesamtbild.

Die Vision der einzelnen Räume definieren

Um die Vision besser vor Augen zu haben, sollten Sie in Ihrem Notizbuch **Skizzen zu den jeweiligen Räumen**

anlegen. Am besten kombinieren Sie diese mit **Grundrissen** und Fotos von Ihren Möbeln und den platzierten Accessoires. Notieren Sie anschließend Ihre Gedanken zu folgenden Fragen:

- **Wie fühlen Sie sich** in den einzelnen Räumen?
- Was sind aus Ihrer Sicht die **besonderen Highlights** der Zimmer?
- Wie verbringen Sie die Zeit im Zimmer? Ist alles auf Ihre **individuellen Bedürfnisse** abgestimmt? **Stört etwas?**
- Gibt es ein **übergeordnetes Thema**, das alle Räume miteinander verbindet?

Wir Einrichter lieben es, **mittels Wiederholungen** verschiedene Räume miteinander zu verknüpfen. Natürlich können Sie auch Inspirationen aus Wohnzeitschriften, Wohnblogs, Instagram-Kanälen oder von den Webseiten der Möbelhersteller einfließen lassen. Sie können Ihre Skizzen und Moodboards auch direkt in PowerPoint anlegen, um auf diese Weise ein Big Picture zu entwickeln.

Lassen Sie sich Zeit!
Der vermutlich wichtigste Ratschlag für die Ausarbeitung Ihrer Vision vom für immer aufgeräumten Zuhause lautet: Lassen Sie sich Zeit und überstürzen Sie nichts! Sie müssen nicht Ihr ganzes Zuhause in einer Woche auf den Kopf stellen. Indem Sie Ihre Vision Schritt für Schritt entwickeln, stellen Sie sicher, dass Sie dauerhaftes Glück empfinden werden, wenn Sie Ihre eigenen vier Wände betreten.

Entdecken Sie Ihren Lieblingsplatz

Vermutlich hat jeder Mensch einen besonderen Lieblingsplatz bei sich zu Hause. Wo steht Ihr **Lieblingssessel**, in dem Sie abends bei prasselndem Kaminfeuer ein Buch lesen? Oder trinken Sie lieber entspannt eine Tasse heiße Schokolade auf der **Couch**? Wieder andere lieben es, im **Bett** die Füße auszustrecken und TV-Serien zu verfolgen.

Der Fachbegriff für einen solchen Lieblingsplatz innerhalb der eigenen vier Wände ist übrigens **„Hyggekrog"**. Ganz klar: Dieser fast schon **magische Platz** verdient viel Aufmerksamkeit in Ihrer Visionsgestaltung. Platzieren Sie dort ruhig viele Decken und Kissen, um einen regelrechten Hygge-Look zu erzielen. Mehr Tipps zum Thema Hygge und einem wohnlichen Zuhause finden Sie im letzten Kapitel.

Gehen Sie die einzelnen Stufen zum für immer aufgeräumten Zuhause Schritt für Schritt durch. Indem Sie ergänzend ein eigenes Notizbuch führen, können Sie leichter den Fokus aufrechterhalten.

- ***Trennen Sie sich von Ballast. So gewinnen Sie automatisch neuen Stauraum.***
- ***Schaffen Sie klare Strukturen und arbeiten Sie mit Spielregeln für Ihr Zuhause.***
- ***Bedenken Sie, dass Sie vermutlich immer wieder Optimierungsmöglichkeiten finden.***

- ***Lernen Sie, Ihren inneren Schweinehund zu bändigen, um auf diese Weise ausreichend Disziplin und Eigeninitiative zu entwickeln.***
- ***Finden Sie Ihren eigenen Wohnstil, indem Sie Ihre Persönlichkeit reflektieren.***

30 MINUTEN

Welche Fragen helfen dabei, Ordnung in Ihr Leben zu bringen?
Seite 70

Wie kann Ihr Zuhause Ihren Erfolg beeinflussen?
Seite 74

Inwiefern ist das Zuhause ein Spiegel Ihrer Lebenssituation?
Seite 75

3. Ordnung in das eigene Leben bringen

Dauerhaft Ordnung zu halten, fällt oft nicht leicht, vor allem dann nicht, wenn der Alltag turbulent und voller Action ist. Ganz klar: **Ein chaotisches Leben führt langfristig immer zu einem chaotischen Heim.** Wenn man sich also nach Ordnung im eigenen Zuhause sehnt, sollte man unbedingt auch das eigene Leben ordnen. Letztlich sind die eigenen vier Wände **ein Spiegel des eigenen Lebens**. Ihr Zuhause spiegelt, wer Sie sind, was Sie aus Ihrem Leben bislang gemacht haben und was Ihnen wichtig ist. Wer genau hinsieht, entdeckt überall **klare Statements und Insignien**, die Ihren persönlichen Lebensstil demonstrieren. In diesem Kapitel geht es deshalb darum, wie Sie **den roten Faden im Leben** entdecken. Sicherlich lässt sich das in einem einzigen Kapitel nicht umfassend behandeln, doch ich möchte Ihnen zumindest etwas Inspiration für Ihre Lebensplanung geben. Anschließend erkläre ich Ihnen, wie **Cocooning** wirkt und warum Ihr Zuhause ein Inkubator für Ihre größten Erfolge sein kann.

3.1 Den roten Faden im Leben entdecken

„Damit die Entfaltung Ihres Potenzials und Ihrer Träume kein Hirngespinst bleibt, müssen Sie zielstrebig sein. Sie brauchen einen Masterplan, mit dem Sie Ihrem Leben eine klare Richtung geben. Wie Sie diesen Masterplan entwerfen, zeigen wir Ihnen jetzt …“

Auf einmal entdeckte ich Antworten auf Fragen, die mich mein Leben lang begleitet hatten. Diesen einen Tag werde ich deshalb nie vergessen. Es war 2009, ein Seminar im Kloster Neresheim. **Prof. Dr. Jörg Knoblauch** und **Siegfried Lachmann** halfen mir dabei, den roten Faden in meinem Leben zu entdecken. Ich lernte, wie ich mein Leben strukturieren und mir **klare Ziele** für die verschiedenen Lebensbereiche setzen konnte. Vor allem aber lernte ich, wie ich diese ambitionierten Ziele Schritt für Schritt erreiche.

Heute, ungefähr zehn Jahre später, habe ich bereits so ziemlich alle meine Etappenziele für meinen aktuellen Lebensabschnitt erreicht. Ich bin in die Fußstapfen meines Vaters Thomas Wurster hineingewachsen und leite gemeinsam mit meinem Onkel ein mittelständisches Möbelhaus. Ich habe ein komplett neues Geschäftsfeld aufgebaut, das Umsätze im Millionenbereich erwirtschaftet. Unserem Möbelhaus ist es unter meiner Führung gelungen, bei einzelnen Möbelmarken zu einem der umsatzstärksten Händler Deutschlands heranzuwachsen.

Zusammengefasst: **Ich wurde im Laufe der Jahre zu dem Menschen, der ich schon immer sein wollte. Dank des Masterplans und der Impulse verschiedener Mentoren, die mich auf meinem Weg begleiteten.**

Reflexion mithilfe von Coaching-Fragen

Alles, was ich Ihnen in diesem Kapitel an die Hand geben möchte, basiert auf diesem Erlebnis aus dem Jahre 2009. Um Ihrem Leben Richtung zu geben und den roten Faden in Ihrem Leben zu entdecken, ist es wichtig, dass Sie sich selbst **reflektieren**. Ihr Ziel sollte es sein, Ihre Talente zu identifizieren und **Ihr ganzes Potenzial zu entfesseln**. Dabei ist es hilfreich, wenn Sie Strukturen entwickeln, die von **Lebenszielen** heruntergebrochen werden bis hin zu den alltäglichen To-dos. Das gelingt Ihnen, wenn Sie sich mit Fragen aus dem Bereich des **Life-Coachings** auseinandersetzen. Je tiefer Sie dabei vordringen, desto beeindruckender werden Ihre **Erfolgserlebnisse** ausfallen. Die Tatsache, dass Ihr Zuhause dann wirklich für immer aufgeräumt bleibt, ist plötzlich nur noch ein schöner Nebeneffekt.

Selbstverständlich ist dies ein umfassender Prozess, dem man (mindestens) ein ganzes Buch widmen könnte. Um aber dem Leitgedanken dieses 30-Minuten-Buches zu folgen, möchte ich Ihnen ein paar der aus meiner Sicht wichtigsten Coaching-Fragen und Workshop-Aufgaben in aller Kürze präsentieren. Inhaltlich stammen diese aus dem **Buch „Dem Leben Richtung**

geben" von Prof. Dr. Jörg Knoblauch, Johannes Hüger und Marcus Mockler sowie aus dem Coaching-Kartenset „Dem Leben Richtung geben – Impulse, die Ihr Leben aufmöbeln".

- Welche **Begabungen und Fähigkeiten** in Ihrer Verwandtschaft entdecken Sie auch bei sich selbst?
- Was war das erste Erfolgserlebnis in Ihrer **Kindheit**?
- Wie beurteilen Sie Ihr Elternhaus/Ihre **Erziehung**?
- Wer von beiden Eltern dominierte und welchen Einfluss hatte das auf Ihr Leben?
- Welchen Einfluss haben Ihr **Heimatort** und Ihre **Heimatregion** auf Ihr Leben?
- In welchem **Glauben** wurden Sie erzogen? Was bedeutet Ihnen das heute?
- Welche Persönlichkeiten aus Wirtschaft, Politik, Kultur und Sport inspirieren Sie?
- Angenommen, Ihr Leben wäre eine **TV-Serie**: Wie wäre der passende Name bzw. Titel dieser Serie?
- Wie würden Sie Ihr Leben, wenn Sie es sich wie eine TV-Serie vor Augen führen, zusammenfassen?
- Machen Sie einen Zeitstrahl und versuchen Sie, Ihr ganzes Leben als eine Kurve zu zeichnen.
- Wie lauten die Überschriften Ihrer bisherigen **Lebensabschnitte**? Tragen Sie diese in Ihre Lebenskurve ein.
- Machen Sie eine Tabelle, die Ihren **Bildungsweg** dokumentiert.
- Was waren die prägendsten **Bücher**, die Sie gelesen haben? Wie haben diese Ihr Denken beeinflusst?

- Was sind Ihre **Lieblingsfilme**?
- Hatten Sie **Träume**, die so intensiv waren, dass Sie sich noch heute daran erinnern?
- Welche Tätigkeiten führen Sie immer wieder leidenschaftlich gern aus?
- Was sind Ihre **persönlichen Werte**?
- Schreiben Sie alles auf, was Sie einmal machen, erreichen, erleben oder besitzen wollen.
- Welche **Rollen** haben Sie in Ihrem Leben inne? Welche Bereiche existieren in Ihrem Leben?
- Welche **Lebensbereiche** verdienen zukünftig mehr Aufmerksamkeit? Welche Rollen möchten Sie zukünftig nicht mehr spielen?

Welche Gedanken kommen Ihnen beim Lesen dieser Fragen in den Sinn? Welche Emotionen entstehen dabei in Ihrem Kopf? Jede Antwort unterstützt Sie bei Ihrem Streben nach dem für immer aufgeräumten Zuhause und ermöglicht es Ihnen, Ihr Leben aktiv zu gestalten.

Um Ordnung in Ihr Leben zu bringen, müssen Sie den roten Faden in Ihrem Leben entdecken und Ihren persönlichen Masterplan erarbeiten. Um diese beiden Aufgaben zu meistern, sollten Sie mithilfe geeigneter Fragen Ihr Leben reflektieren. Je besser Sie sich selbst reflektieren, umso beeindruckender werden die Ergebnisse letztlich ausfallen.

3.2 Die wahre Bedeutung von Cocooning

Die Nachrichten sind oftmals voller **Krisen** und belastender Themen: Coronakrise, Eurokrise, Flüchtlingskrise oder Terroranschläge. All das führt dazu, dass die Bedeutung der eigenen vier Wände immer stärker zunimmt. Schließlich wächst mit all diesen Krisen das **Bedürfnis nach Geborgenheit und Sicherheit**. Psychologen sprechen in diesem Zusammenhang von „Cocooning". Dadurch wird das Zuhause zu einem Zufluchtsort, aber ganz nebenbei auch zu einem Kokon, in dem sich das persönliche Wachstum abspielt.

Ein Kokon für persönliches Wachstum

Ähnlich, wie die Raupe im Kokon zum Schmetterling wird, können Sie in Ihrem Zuhause immer wieder aufs Neue **Ihr nächstes persönliches Level** anbahnen. Indem Sie daheim Energie auftanken und Ihre Gedankenwelt ordnen, wird es Ihnen viel leichter fallen, Ihre beruflichen Herausforderungen zu meistern. Vorausgesetzt, Sie können sich in Ihrem Zuhause entspannen und wohlfühlen.
All dies gilt natürlich umso mehr, wenn Sie im **Homeoffice** an Projekten arbeiten. Dann können Sie besonders viel von einem ordentlichen und gut strukturierten Zuhause profitieren.

Tipps fürs Homeoffice
Allen Leserinnen und Lesern, die im Homeoffice arbeiten, möchte ich ein besonderes Bonusmaterial von meinem Kollegen Jürgen Kurz ans Herz legen: ein E-Book, das Ihnen zahlreiche Büro-Kaizen®-Tipps für Ihr Homeoffice gibt, die Ihre Produktivität spürbar steigern werden. Das E-Book ist kostenlos, Sie müssen lediglich Ihre E-Mail-Adresse eingeben. Sie erreichen es mit dem folgenden QR-Code:

Alternativ können Sie folgenden Link nutzen: https://www.buero-kaizen.de/doi-ebook-register/?dlid=7119

Eine Entwicklung von innen nach außen

Wie Sie bereits wissen, ist Ihr Zuhause ein Spiegel Ihrer aktuellen Lebenssituation. Ich persönlich glaube daher, dass der eigentliche **Aufräumprozess von innen nach außen** gehen sollte. Oder, wenn es Ihnen lieber ist, alternativ von außen nach innen. Entscheidend ist, dass Sie **beiden Welten Ihre Aufmerksamkeit schenken**. Die daraus resultierende **Klarheit** ist ein unglaublich starker Wegweiser für das für immer aufgeräumte Zuhause.

Alle Zahnräder greifen ineinander

Wenn es Ihnen erst einmal gelungen ist, Ihr Leben zu ordnen, werden Sie erkennen, wie plötzlich alle Zahnräder ineinandergreifen:

- Sie entdecken den **roten Faden in Ihrem Leben** und finden den richtigen Kurs für alle künftigen Entscheidungen. Auf diese Weise erkennen Sie schnell, was Sie in Ihrem Zuhause ausmisten können und welchen Themen Sie Raum schaffen sollten.
- Ihr Zuhause spiegelt diese neue Entwicklung und es entstehen **klare Strukturen**, und zwar sowohl in Ihrem Inneren als auch räumlich in Ihren eigenen vier Wänden.
- **Ein glückliches und harmonisches Zuhause** ist in der Regel stark von Ihrer Persönlichkeit und Ihrem individuellen **Wohnstil-Typ geprägt**. Indem Sie sich klar zu Ihrem Stil bekennen, ist es Ihnen möglich, ein unglaublich großes Maß an **Geborgenheit** in den eigenen vier Wänden zu entdecken. Worauf Sie, abhängig von Ihrem Wohnstil, auf Ihrem Weg zum für immer aufgeräumten Zuhause besonders achten müssen, haben Sie in diesem Buch erfahren.
- Damit dieses neue, intensive **Geborgenheitsgefühl** auf Dauer bestehen bleibt, müssen Sie Ihr Zuhause nachhaltig vom Chaos befreien. **Chaos ist immer ein Störfaktor** und wird Sie in Ihrem persönlichen Wachstum stark ausbremsen.

Das eigene Zuhause ist wie ein Kokon, in dem ein großer Teil des persönlichen Wachstums stattfindet. Entsprechend kann es den beruflichen Erfolg maßgeblich mitbefeuern. Indem Sie zu Hause Kraft tanken, gewinnen Sie die Power, die Sie im Job brauchen.

- ***All die Krisen in der Welt steigern die Sehnsucht nach Sicherheit und Geborgenheit. Damit gewinnt das eigene Zuhause massiv an Bedeutung.***
- ***Wer im Homeoffice arbeitet, ist auf ein ordentliches und gut strukturiertes Zuhause angewiesen. Schließlich ist Chaos ein Störfaktor, der persönliches Wachstum ausbremst und Produktivität verhindert.***
- ***Von innen nach außen: Indem Sie den roten Faden in Ihrem Leben entdecken, erkennen Sie fast automatisch, welche Dinge in Ihrem Zuhause einen Platz verdient haben und auf welche Gegenstände Sie zukünftig ganz entspannt verzichten können.***

30 MINUTEN

4. Tipps vom Einrichtungsprofi

Bei all dem Streben nach Perfektion sollten Sie es nicht übertreiben. Ein zu ordentliches Zuhause birgt die Gefahr, „zu perfekt“ und geradezu steril zu wirken – das macht nicht glücklich. Beim Einrichten geht es nicht nur um Ordnung, sondern auch um **Authentizität und Herzlichkeit**. Das Konzept des für immer aufgeräumten Zuhauses kann eine sehr gute Inspiration sein: Man kann sich daran orientieren und das **Kriterium „Ordnung“ nach den eigenen Bedürfnissen skalieren** beziehungsweise interpretieren.
Authentizität erreichen Sie insbesondere dadurch, dass die Vision Ihrer eigenen vier Wände auf Ihrem persönlichen Wohnstil und damit auf Ihrer Persönlichkeit basiert. In diesem Schlusskapitel geht es zudem um Herzlichkeit, um die Frage, wie ein **wohnliches und liebevolles Ambiente** entsteht. Dabei werden wir uns auch mit dem **Hygge-Trend** befassen.

4.1 Der Hygge-Trend

Eine immer größer werdende Anzahl von Menschen beginnt, ihren **Alltag zu hinterfragen** und einen tieferen **Sinn hinter allem** zu entdecken. Dabei spielt auch die Suche nach dem **Glück** eine große Rolle. Nur was ist Glück überhaupt?

Die glücklichen Dänen

Welche Menschen sind die glücklichsten der Erde? Glaubt man den Statistiken, so findet man **die glücklichsten Menschen der Welt in Dänemark**. Für diesen Zustand des Glücks inmitten eines stressigen Alltages kennen die Dänen sogar ein besonderes Wort: „**Hygge**". Es bedeutet in etwa „**Gemütlichkeit**".

Die Hygge-Philosophie als Möbeltrend

Weil Hygge derzeit so gefragt ist, hat die Möbelbranche reagiert und diesen Trend in zahlreichen Möbeln aufgegriffen. Interessanterweise steht dieser Trend **in engem Zusammenhang mit dem für immer aufgeräumten Zuhause**. Schließlich können echte Hygge-Gefühle nur dann entstehen, wenn das Zuhause ordentlich und aufgeräumt ist. Zugleich helfen die Impulse aus der Hygge-Philosophie dabei, das Zuhause um einiges wohnlicher zu gestalten. Darauf basieren auch meine Tipps im nächsten Kapitel.

Der Begriff „Hygge“ stammt aus dem Dänischen und bedeutet so viel wie „Gemütlichkeit“. Indem man verschiedene Impulse aus der Hygge-Philosophie umsetzt, kann ein Zuhause viel wohnlicher werden.

30

4.2 Wie das Zuhause noch wohnlicher wird

Alle nachfolgenden Hygge-Tipps sind universell gültig und können bei allen Wohnstil-Typen viel bewirken. Inhaltlich basieren diese Gedanken auf einem Artikel, den ich mit meinen Kollegen für eine Ausgabe meiner FOCUS-Online-Kolumne „Die Einrichtungs-Profis“ verfasst habe.*

Stimmige Wirkung mit Licht erzielen

Um die eigenen vier Wände gut in Szene zu setzen, ist die **richtige Beleuchtung** entscheidend. Ich persönlich empfehle **warmes Licht**, wobei die Entscheidung zwischen warmem Licht oder kaltem Licht stets auch eine Geschmacksfrage ist. Wenn Sie ein richtiges Hygge-Feeling in Ihr Zuhause bringen möchten, dann platzieren Sie überall **Kerzen**. Seien Sie dabei ruhig großzügig.

---

* https://www.focus.de/immobilien/experten/einrichtungs-profis/hygge-so-zaubern-sie-mehr-gluecksgefuehle-in-ihr-zuhause_id_7487304.html [eingesehen am 09.09.2020]

Vorsicht, Brandgefahr!
Viele Kerzen, die nahe beieinanderstehen, bergen ein hohes Risiko für einen Brand. Sie sollten deshalb die brennenden Kerzen nie unbeaufsichtigt lassen. Wenn Sie auf Nummer sicher gehen wollen, sind LED-Echtwachskerzen eine gute Alternative.

Erzählen Sie Geschichten

Sie können Ihrem Zuhause eine Seele verleihen, indem Sie mittels Einrichtung und Deko ganz persönliche Geschichten erzählen. Stichwort: **Storytelling**. Dazu dekorieren Sie Ihre Möbel gezielt mit Erinnerungen und Statements. Oftmals können sogar die Möbelstücke selbst besondere **Erinnerungen repräsentieren**. Auch **Erbstücke** oder **Souvenirs** von Reisen können stilvoll in Szene gesetzt werden.

Ein sehr wirkungsvoller Deko-Tipp lautet übrigens, dass Sie am besten immer **drei Objekte als eine Gruppe clustern**. Das wirkt stimmig und ausbalanciert. Denken Sie dabei ruhig in verschiedenen Dimensionen, zum Beispiel

1. ein sehr großer Leinwanddruck mit einer schönen Strandlandschaft Ihres Lieblingsreiseziels,
2. direkt daneben ein etwas kleinerer Bilderrahmen, der wie ein Moodboard die schönsten Bilder von Ihrem letzten Urlaub zusammenfasst, und
3. darunter der schöne Vintage-Reisekoffer, den Sie von Ihrer Tante geerbt haben.

Sie merken es bereits: Indem Sie **klare Themen wählen**, können Sie Plätze schaffen, die zum Träumen inspirieren. Ein einzelner Blick reicht aus und Sie können sich selbst in einem schönen Tagtraum wiederfinden.

Vitrinen nutzen
Wenn Ihr Platz es erlaubt, können Sie mit einzelnen kompakten Vitrinen echte Wow-Effekte erzielen. Damit können Objekte ganz einfach als Highlights präsentiert werden.

Bücher, die Ihnen etwas bedeuten

Natürlich sind Bücher zum Lesen gedacht. Aber für einen Einrichter kann ein schönes Buch auch eine äußerst kreative Deko-Idee sein. Entscheidend ist die **Wirkung des Covers**. Es ist aber auch möglich, ein aufgeschlagenes Buch zum Deko-Objekt zu machen. Sie werden überrascht sein, wie viele wunderschöne Instagram-Fotos Sie mithilfe dieser Idee machen können, vor allem wenn Sie das Buch gemäß der eben vorgestellten **Cluster-Methode** durch zwei weitere Objekte ergänzen. Das funktioniert natürlich auch mit DVDs, CDs, Comics oder Zeitschriften. Wichtig ist lediglich, dass Sie es nicht übertreiben und es nicht überladen wirkt.

Haben Sie Mut zur Farbe!

Bekennen Sie sich zu Ihrer **Lieblingsfarbe**. Der Mut, einzelne Wände oder Wandabschnitte in einer schönen

Farbe anzustreichen, zahlt sich meist aus. Auch hier können Sie sich online oder in Möbelhäusern inspirieren lassen: Wie werden Ihre Möbel beispielsweise vom Hersteller oder Möbelhändler präsentiert?
Zur besseren Visualisierung und klaren Einordnung kann ein **Farbfächer** äußerst vorteilhaft sein. Und noch ein Tipp: Falls Ihnen unterwegs spontan eine besonders schöne Farbe ins Auge sticht, machen Sie sofort ein Foto! Damit können Sie, wenn Sie sich im Baumarkt Ihre **Wunschfarbe mischen lassen**, genau definieren, wie diese aussehen soll. Wenn Sie ganz fortschrittlich unterwegs sein wollen, nutzen Sie eine **App zur präzisen Farbwert-Identifizierung**.

Bringen Sie die Natur in Ihr Zuhause

Liebhaber des **Landhausstils** haben große Freude an Pflanzen in den eigenen vier Wänden. So manche Landhaus-Wohnung verfügt über einzelne Ecken, die einem regelrechten **Dschungel** gleichen. Prinzipiell kann aber jedes Zuhause Pflanzen vertragen, ganz egal, welchen Wohnstil Sie bevorzugen. Besonders im Arrangement können dabei sehr schöne Impressionen entstehen. Dieser natürliche Look kann mit einer **Fototapete mit einem Naturmotiv** wie einer Waldlichtung noch viel atemberaubender werden.

Ein magischer Ort entsteht

Das eigene Zuhause ist ein besonderer, magischer Ort. Der eigentliche Zauber kommt allerdings nicht durch

irgendwelche Deko-Tricks zustande. **Es sind die Menschen, die unsere vier Wände verzaubern!** Deshalb müssen Sie dem Zusammensein mit Familie und Freunden Raum geben. Ein schöner, großer **Esstisch** mit bequemen **Stühlen** ist ideal, um die Liebsten jederzeit auch ganz spontan bewirten zu können. Alternativ zu den Stühlen können Sie auch eine **Bank** oder ein **Dining-Sofa** platzieren. Hier finden für gewöhnlich mehr Personen einen Sitzplatz als bei einer klassischen Bestuhlung.
Das Wohnzimmer wiederum entfesselt erst dann seine wahre Magie, wenn man in ein bequemes **Lounge-Sofa** einsinken kann. Dieses Sofa muss groß genug sein, dass die wichtigsten Mitmenschen bei einem Filmabend Platz nehmen können. Als Sofa-Ergänzung sind **Sessel, Hocker, Sitzkissen** oder **Poufs** sehr beliebt.

Laden Sie Lieblingsmenschen ein!

Jetzt liegt es an Ihnen: Machen Sie den ersten Schritt und versenden Sie Einladungen an Ihre Lieblingsmenschen. **Starten Sie neue Traditionen**, zum Beispiel Spieleabende, TV-Serien-Marathons oder Karaoke-Samstage, oder bekochen Sie sich einfach gegenseitig. Schließlich wissen Sie ja nun, dass regelmäßiger Besuch Ihnen indirekt auch dabei hilft, Ihr Zuhause dauerhaft aufgeräumt zu halten. Und schon entfesseln Sie den Zauber in Ihren eigenen vier Wänden!

30

Mit ein paar einfachen Tricks wirkt das Zuhause gleich viel wohnlicher und herzlicher:

- ***Mit vielen (LED-)Kerzen und warmem Licht entsteht schnell ein tolles Hygge-Ambiente.***
- ***Erzählen Sie durch die Dekoration Geschichten. Indem Sie Objekte in Dreiergruppen clustern, entsteht schnell eine harmonische Balance.***
- ***Geben Sie dem Zusammensein mit Familie und Freunden den Platz, der ihm gebührt, und investieren Sie in dafür geeignete Möbel.***

Fast Reader

1. Für immer aufgeräumt: Die Basics

Mit dem Bestseller „Für immer aufgeräumt“ zeigte der Unternehmensberater Jürgen Kurz zahlreichen Lesern, wie sie ihre Effizienz im Büro spürbar steigern können. Sein „Büro-Kaizen®“ genanntes Konzept lässt sich auch auf die eigenen vier Wände übertragen, um die Vision von einem für immer aufgeräumten Zuhause zu entwickeln, also einem Zuhause, das man nur noch ein allerletztes Mal richtig aufräumen muss. Danach greifen zahlreiche Automatismen.

Die Vision vom für immer aufgeräumten Zuhause basiert auf folgenden Grundgedanken:

- ***Das Prinzip „Kaizen“ kommt aus dem Japanischen und bedeutet so viel wie „Veränderung zum Besseren“. Home-Kaizen bedeutet dem-***

nach, dass man sein eigenes Zuhause systematisch immer weiter optimiert.

- ***Es geht beim Home-Kaizen nicht nur ums Ausmisten, sondern vielmehr um die Befreiung von sämtlichem Ballast.***
- ***Anschließend kann man das Zuhause basierend auf der eigenen Persönlichkeit gestalten. Denn bei aller Sehnsucht nach Optimierung und Minimalismus sollten die persönlichen Akzente immer bestehen bleiben.***

2. Für immer aufgeräumt: Die Stufen

Legen Sie sich am besten ein schönes Notizbuch zu. Damit können Sie motiviert Ihr Projekt „Für immer aufgeräumt" starten. Auf dem Weg zum für immer aufgeräumten Zuhause durchlaufen Sie einen fünfstufigen Prozess.

Die fünf Stufen des Home-Kaizen lassen sich wie folgt zusammenfassen:

- ***Stufe 1: Sie befreien Ihr Zuhause von Ballast und schaffen einmal gründlich Ordnung. Dokumentieren Sie zu Beginn den Ist-Zustand anhand von Fotos und misten Sie dann aus. Wenn Sie sich bei einzelnen Gegenständen unsicher sind, testen Sie das Wegwerfen auf***

Probe, das heißt, Sie lagern diese Dinge zunächst im Keller oder auf dem Dachboden, bevor Sie sie nach einer festgelegten Zeitspanne wegwerfen.

- *Stufe 2: Definieren Sie klare Spielregeln für Ihr Zuhause. Indem Sie allen Dingen einen klaren Platz zuordnen, schaffen Sie Strukturen. Sichtbücher, Lesestapel, Leseordner, Haushaltsplan, Strukturen in den Schränken, Kabelmanagement-Lösungen und Checklisten ermöglichen es, eine dauerhafte Grundordnung aufrechtzuerhalten.*
- *Stufe 3: Hier geht es um die permanente Optimierung. Das Zuhause wird gezielt an Ihre Bedürfnisse angepasst, Telefongespräche werden optimiert und Moodboards sorgen für den Feinschliff. Zudem können kleine Details wie Schubladen mit Vollauszug, einheitliche Kleiderbügel und ein Herrendiener überraschend viel bewirken.*
- *Stufe 4: Sie entwickeln Disziplin und Eigeninitiative und lernen, Ihren inneren Schweinehund zu entwaffnen und gezielt Gewohnheiten zu entwickeln. Doch natürlich können Sie sich auch unterstützen lassen – zum Beispiel von modernen Smart-Home-Technologien. Auf dieser Stufe ist es auch sinnvoll, sich darüber zu informieren, wie Polstermöbel einen Schutzschild bekommen und wie die Digitalisierung*

Sie in Ihrem Alltag bei allem unterstützen kann.

- ***Stufe 5: Entwickeln Sie eine Vision für Ihre eigenen vier Wände: Finden Sie heraus, welcher Wohnstil zu Ihnen passt: Landhaus, Patchwork, Modern oder Klassisch?***

3. Ordnung in das eigene Leben bringen

Ein chaotisches Leben führt früher oder später auch zu einem chaotischen Heim. Wer sich also ein für immer aufgeräumtes Zuhause wünscht, muss auch sein eigenes Leben aufräumen, zumal die eigenen vier Wände immer zugleich ein Spiegel des eigenen Lebens sind.

Geben Sie Ihrem Leben Richtung, indem Sie bewusst reflektieren:

- ***Befassen Sie sich mit dem Thema Life-Coaching. Hinterfragen Sie sich selbst, um Antworten auf die zentralen Fragen Ihres Lebens zu finden.***
- ***All die vielen Krisen in der Welt führen dazu, dass das eigene Zuhause einen immer größeren Stellenwert bekommt: Die Menschen sehnen sich nach Geborgenheit und Sicherheit (Cocooning). Auch Sie können Ihr Zuhause nutzen, um dort Kraft zu tanken.***

- ***Wenn Sie im Homeoffice arbeiten, ist ein aufgeräumtes Zuhause, in dem Sie sich wohlfühlen, ganz besonders wichtig, damit Sie maximale Produktivität entfalten können.***
- ***Das Zuhause ist ein Spiegel Ihrer aktuellen Lebenssituation. Daher sollte ein wirksamer Aufräumprozess immer von innen nach außen gehen. Entscheidend ist, dass man beiden Welten Aufmerksamkeit schenkt.***

4. Tipps vom Einrichtungsprofi

Für ein harmonisches Zuhause brauchen Sie nicht nur Ordnung, sondern auch Authentizität und Herzlichkeit. Die Authentizität entsteht, indem Sie Ihr Zuhause bewusst in Ihrem eigenen Wohnstil gestalten. Schließlich basiert dieser auf Ihrer Persönlichkeit. Um zudem ein herzliches Ambiente zu schaffen, sollten Sie den Hygge-Trend in Ihr Zuhause bringen.

Der Begriff „Hygge" bedeutet so viel wie „Gemütlichkeit". Diese erreichen Sie unter anderem auf folgende Weise:

- ***Setzen Sie auf wirkungsvolle Inszenierung mit Licht. Viele Kerzen bewirken viel. Sicherheitshalber sollten Sie aber besser LED-Echtwachskerzen verwenden.***

- *Inszenieren Sie Ihre eigenen vier Wände bewusst mit Accessoires, die liebevolle Geschichten erzählen. Mittels Vitrinen können einfache Wow-Effekte entstehen oder Highlights angemessen präsentiert werden.*
- *Das Zuhause ist ein magischer Ort. Der Zauber entsteht allerdings erst durch die Menschen. Laden Sie deshalb regelmäßig Freunde ein und starten Sie neue Traditionen. All das unterstützt Sie auf Ihrem Weg zum für immer aufgeräumten Zuhause.*

Der Autor

Michael T. Wurster (MBA) ist Erfolgsautor und Einrichter aus Leidenschaft. In seinen Büchern liefert er Impulse, die das Leben kräftig aufmöbeln. Zudem ist er Journalist mit eigener Experten-Kolumne auf FOCUS Online. Im Rahmen dieser journalistischen Aktivitäten schreibt er Karriereratgeber und führt gelegentlich Interviews mit namhaften Stars. Zahlreiche Leser verdanken seinen Impulsen ihren Traumjob. So ist es nicht überraschend, dass Michael Wurster sich einen Namen als „Der Karriere-Schmied" gemacht hat. Gemeinsam mit seinem Onkel leitet er das Einrichtungshaus Wohnforum Wurster, den now!-Onlineshop und den markenmöbel-Onlineshop.

Erfolgs-Autor: www.Michael-T-Wurster.de
Einrichter: www.markenmoebel-Onlineshop.de
www.now-Onlineshop.de

Weiterführende Literatur

- Borgefest, G.: Ordnung nebenbei – Aussortieren, aufräumen, aufatmen, Stiftung Warentest, Berlin 2020
- Frädrich, S.: Das Günter-Prinzip – So motivieren Sie Ihren inneren Schweinehund, 6. Aufl., GABAL Verlag, Offenbach 2012
- FOCUS Online: Kolumne „Die Einrichtungs-Profis“, focus.de
- Gisin, D., Krumsick, A.: Die RÄUM DICH FREI Methode, 2. Aufl., Ellert & Richter Verlag, Hamburg 2019
- Hammersley, T.: Platz schaffen, Münchner Verlagsgruppe, München 2016
- Kingston, K.: Feng Shui gegen das Gerümpel des Alltags, 6. Aufl., Rowohlt Taschenbuch, Hamburg 2014
- Knoblauch, J., Hüger, J., Mockler, M.: Dem Leben Richtung geben – In drei Schritten zu einer selbstbestimmten Zukunft, 5. Aufl., Campus Verlag, Frankfurt a. M. 2007
- Kondo, M.: Magic Cleaning – Wie richtiges Aufräumen Ihr Leben verändert, 30. Aufl., Rowohlt Taschenbuch, Hamburg 2017
- Kondo, M.: Magic Cleaning – Wie Wohnung und Seele aufgeräumt bleiben, 12. Aufl., Rowohlt Taschenbuch, Hamburg 2017
- Küstenmacher, W. T., Seiwert, L. J.: Simplify your life – einfacher und glücklicher leben, 11. Aufl., Campus Verlag, Frankfurt a. M. 2004

- Kurz, J.: Für immer aufgeräumt – Zwanzig Prozent mehr Effizienz im Büro, 8. Aufl., GABAL Verlag, Offenbach 2015
- Kurz, J.: Für immer aufgeräumt – auch digital, GABAL Verlag, Offenbach 2014
- Kurz, J., Miller, M.: So geht Büro heute! – Erfolgreich arbeiten im digitalen Zeitalter, GABAL Verlag, Offenbach 2019
- Linke, U.: Die Psychologie des Wohnens – Vom Glück, sich ein authentisches Zuhause zu schaffen, Nymphenburger Verlag, München 2010
- Leed, M.: Simply Spaced – Ordnung schaffen für ein befreites Leben, Knesebeck Verlag, München 2020
- Ramstedt, F.: Fühl dich wohl in deinem Zuhause, Ullstein Buchverlag, Berlin 2020
- Scherer, H.: Glückskinder – Warum manche lebenslang Chancen suchen – und andere sie täglich nutzen, Campus Verlag, Frankfurt a. M. 2011
- Soderberg, M. T.: Hygge – Das große Glück liegt in den kleinen Dingen, Münchner Verlagsgruppe, München 2017
- Wiking, M.: Hygge – Ein Lebensgefühl, das einfach glücklich macht, Bastei Lübbe, Köln 2016

Register